涂山搜玉

总策划◎何建超
策划◎倪振辉 梅顺

李焕俭 吴国成◎主编

安徽省蚌埠市禹会区政协 编

淮東南境圖 每方五里

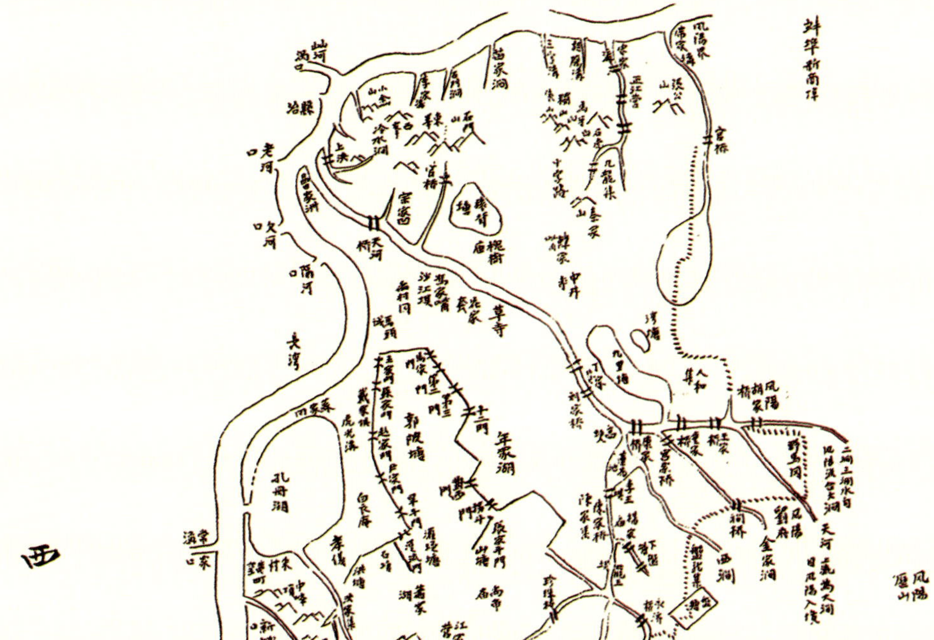

禹会区行政区域图

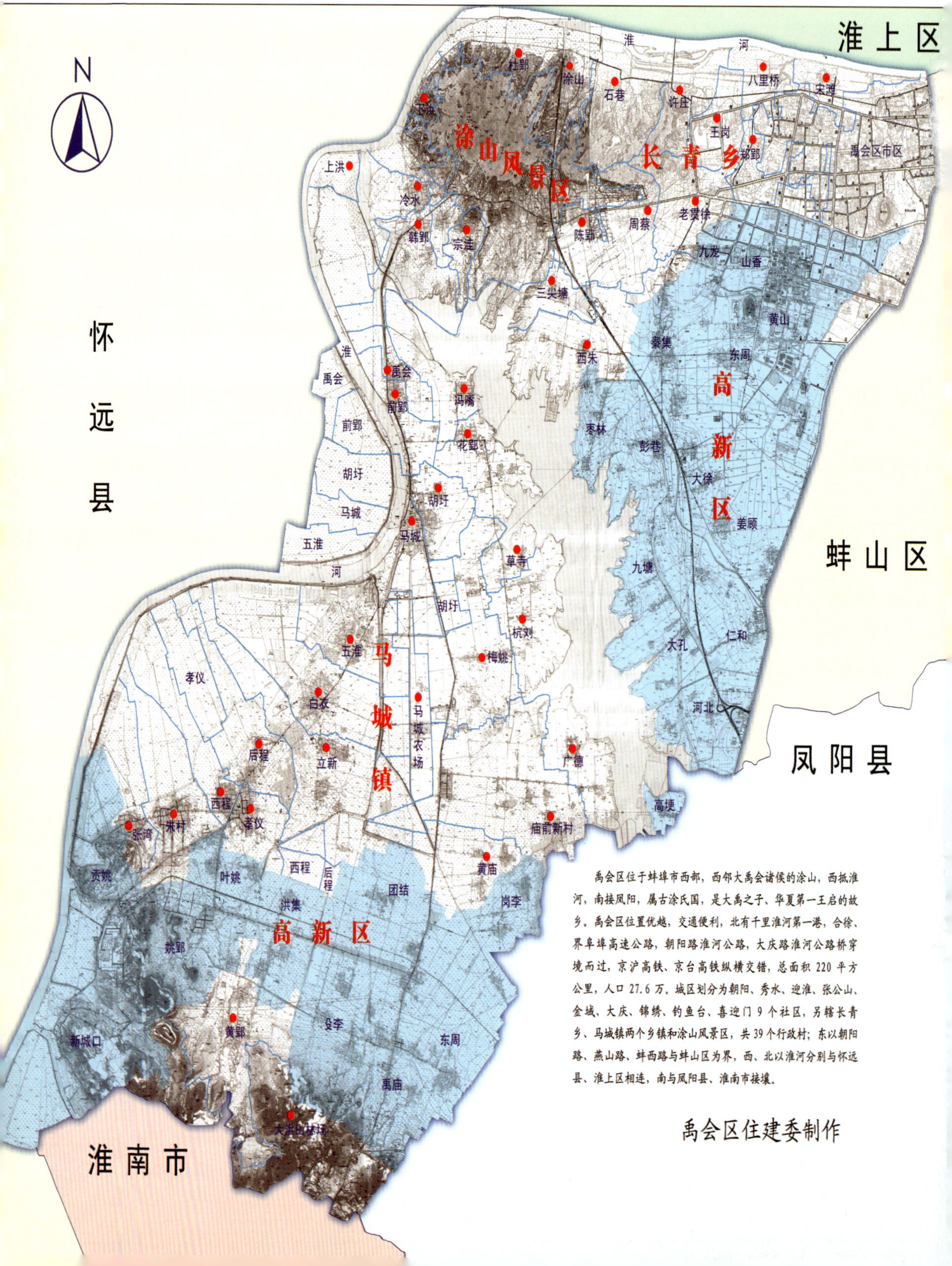

禹会区位于蚌埠市西部，西邻大禹会诸侯的涂山，西抵淮河，南接凤阳，属古涂氏国，是大禹之子、华夏第一王启的故乡。禹会区位置优越，交通便利，北有千里淮河第一港，合徐、界阜蚌高速公路，朝阳路淮河公路，大庆路淮河公路桥穿境而过，京沪高铁、京台高铁纵横交错，总面积220平方公里，人口27.6万。城区划分为朝阳、秀水、迎淮、张公山、金城、大庆、锦绣、钓鱼台、喜迎门9个社区，另辖长青乡、马城镇两个乡镇和涂山风景区，共39个行政村；东以朝阳路、燕山路、蚌西路与蚌山区为界，西、北以淮河分别与怀远县、淮上区相连，南与凤阳县、淮南市接壤。

禹会区住建委制作

《涂山搜玉》围绕“弘扬大禹文化，建设美丽涂山”主题，设“文录、诗赋、楹联、碑记、镌刻”等章节。该书与首期出版的走进禹会系列丛书之一《魅力涂山》相辅相成，旨在更好地保护和建设蚌埠涂山，更好地宣传和推介蚌埠涂山。

“涂山岩岩，界彼东国。惟禹之德，配天无极。”(柳宗元《涂山铭》)在《涂山搜玉》即将付梓之际，让我们在习近平总书记为首的党中央领导下，高举发展大旗，全面贯彻落实党的十八大精神，按照蚌埠市的总体发展要求，发扬大禹治水“三过家门而不入”的无私奉献精神，加大涂山的保护和开发力度，把禹会诸侯的蚌埠涂山，建设成为弘扬大禹精神，传承华夏文明的圣地。

是为序。

2016 年 6 月 12 日

凡　例

一、本书为蚌埠涂山首部艺文金石类专业书籍，上限追溯至远古夏禹治水会诸侯于涂山，下限原则上至2013年涂山风景区由怀远县整体划归蚌埠市禹会区管辖。

二、本书设文录、诗赋、楹联、碑记、镌刻等章节。文录部分，原则收录史料、典籍中关于禹会诸侯于涂山和歌颂涂山大禹的文字。

诗赋、楹联原则收录古代、近代名人题咏涂山大禹的作品；当代题咏涂山大禹的诗文楹联，原则收录2003年"中国蚌埠'大禹颂'全国诗词楹联大赛"中获一、二等奖的作品（不包括题咏珠城和荆山白乳泉的作品）。

碑记主要收录涂山宫观寺庙以及涂山周边禹帝行祠、崇伯观、洪君庙等寺庙碑记，包括小涂山文笔峰碑记、大禹铭碑文、墓冢在涂山的名人墓志铭。

镌刻内容涵盖摩崖石刻、木刻、碑刻。摩崖石刻和木刻无上限，下限至1990年春怀远县组织书法名人题写的摩崖石刻和木刻。碑刻以禹王宫历代保存下来的碑刻为主，重点突出蚌埠市淮河碑林办公室组织全国方家名流题赞涂山大禹的淮河碑林精品碑刻（淮河碑林办将镌刻的200余块碑分送涂山禹王宫、张公山公园、汤和墓公园展示，将征集的书法作品于2006年移交蚌埠市博物馆收藏）。

三、本书收录的文录、诗赋、楹联、碑记、镌刻、墓志均有文字来源，作者简介，词语注释。作者不明的，以佚名标注。对今尚存且具有文物价值的古碑，均标明坐落方位和保护情况。摘选古县志的碑记或抄录的碑文，凡是涉及距离、面积、重量、年月、数字的，收录时仍按当时书写方式书写。编撰者添加的注释，按今国家规范的文字、数字、计量单位书写。

四、本书收录的古文，凡涉及通假字、多音字、冷僻字、本地特别读音字和《新华词典》《辞海》查不出的字，在注释时加汉语拼音。涉及典故的，说明其来源。收录古志、碑记、石刻、碑刻、木刻、墓志等无标点符号的，均点校添加标点符号；原文中繁体字、异体字，编排时原则上改为简化字，词库没有且无法用简化字代替的，仍用古字。

五、涂山碑刻、木刻，篆隶楷行草等诸体俱全，照排其书法其作品时，均在其旁标注便于识读的简化汉字，并附加作者简介。碑刻、木刻注释文字，以横排版出现，保持全书照排风格的统一。

目　录

序 /王庆国

凡　　例

第一章:文　录　篇

《尚书·益稷》:娶于涂山 / 2

左丘明:禹合诸侯 / 2

《竹书纪年》:会诸侯于涂山 / 3

《竹书纪年》:天下归启 / 3

孔　丘:禹,吾无间然矣 / 4

韩　非:启自取之也 / 5

列御寇:卑宫室美黻冕 / 5

尸　佼:十年未阚其家 / 6

《世本·帝系》:禹　娶 / 7

《世本·帝系》:禹　纳 / 7

孟　轲:三过其门而不入 / 8

吕不韦:始作南音 / 9

刘　向:涂山强于教诲 / 9

司马迁:予娶涂山 / 10
司马迁:夏之兴也以涂山 / 11
应　劭:禹所娶涂山 / 12
皇甫谧:铸　鼎 / 12
郦道元:禹娶在山西南 / 13
袁思邈:汉高祖立禹庙 / 14
柳宗元:涂山铭并序 / 15
《舆地志》:涂山神庙 / 20
宋　濂:游涂荆二山记 / 20
曹　兰:祭禹王文 / 24
《凤阳府志》:涂　山 / 26
吕振羽:禹的根据地 / 28
谭其骧:涂山地望 / 28

第二章:诗　赋　篇

屈　原·天问(节录) / 32
《吕氏春秋》·涂山氏女之歌 / 33
《吴越春秋》·涂山之歌 / 33
曹　丕·浮淮赋(有序) / 34
王　粲·浮淮赋 / 36
曹　植·夏　禹 / 37

曹　植·禹治水赞 / 38
曹　植·禹妻颂 / 38
王　氏·启母涂山颂 / 39
胡　曾·涂　山 / 39
梅尧臣·过荆涂二山遇暗石 / 40
梅尧臣·启母石 / 41
梅尧臣·涂　山 / 42
苏　轼·上巳日与二子迨过游涂山荆山记所见 / 43
苏　轼·涂　山 / 45
苏　辙·登涂山 / 46
黄庭坚·涂　山 / 47
王十朋·夏　禹 / 48
朱　熹·题石榴 / 48
严丹邱·涂山操 / 49
李　鉴·题涂山 / 50
李先芳·涂　山 / 51
张惟恕·九日登山 / 52
张惟恕·九日登涂山（四首）/ 52
张惟恕·登高四望歌（四首）/ 55
杨　瞻·登山漫兴和卢冈韵（三首）/ 56
杨　瞻·谒夏禹祠 / 57
许　铠·题涂山 / 58

艾时用·题涂山（二首）/ 58
张　彦·题涂山 / 59
杨　浩·登涂山 / 60
张士隆·题启母石 / 61
吴期英·拜禹王 / 61
赵炯然·舟过涂山谒夏后庙有述 / 62
经仁恒·涂山景（四首）/ 63
邵元贞·涂山赋 / 65
洪亮吉·禹　庙 / 66
万寿祺·古禹庙 / 72
沙　琛·夜归自涂山下（二首）/ 73
汤　璐·涂山禹庙 / 74
汤　珏·登涂山谒禹庙 / 76
许　星·涂　山 / 77
林则徐·恭祝宫保尚书云汀老前辈六十寿诗 / 82
林之望·涂山怀古（四首）/ 83
陈　獬·涂山秋眺 / 86
宫尔铎·登涂山绝顶谒禹庙 / 86
杨鹤卿·禹会村 / 87
杨鹤卿·文笔峰 / 88
林介弼·禹　庙 / 89
林介弼·禹会村 / 90

林介弼·登涂山 / 90
林介弼·亚　泉 / 90
康有为·题禹王宫条屏 / 91
李汝振·叠祭禹庙前韵 / 91
路青云·涂山远眺 / 92
路青云·启母石 / 93
路青云·涂山禹王庙 / 94
洪　沛·留赠李永德道长 / 94
刘建威·涂山吟 / 95
王永桂·启母石 / 95
刘　华·寻　根 / 96
西汝泽·登涂山 / 96

第三章:楹　联　篇

第一节　涂山联
王韶联 / 100
佚名联 / 101
杨其昌联 / 101
第二节　禹王宫联
佚名联 / 102
苏轼联 / 103
黄庭坚联 / 103

杨瞻联 / 104
弘历联 / 104
许德智联 / 104
乔松年联 / 104
林之望联 / 105
宫尔铎联 / 106
宋春翘联 / 107
孙筱波联 / 108
佚名联 / 109
张树侯联 / 109
佚名联 / 110
叶春培联 / 111
焦浚川联 / 112
佚名联 / 113
杨耀南联 / 113
何长庆联 / 114
张树路联 / 114
张荣沂联 / 114
第三节　苍龙阁联
苍龙阁联 / 115
第四节　崇德院联
崇德院联 / 116

第五节 崇伯观联

崇伯观联 / 117

第六节 灵岩寺联

灵岩寺联 / 118

第七节 关帝庙联

关帝庙联 / 118

第八节 洪君庙联

洪君庙联 / 120

第九节 土地庙联

土地庙联 / 121

第十节 圣泉联

圣泉联 / 122

第四章:碑 记 篇

第一节 禹王庙碑记

唐彭晁《庙记略》/ 124

宋《禹庙碑略》/ 124

元《禹庙香火公据碑》/ 124

大德年《重修庙记》/ 125

明景泰年《重修禹王庙记》/ 126

正德年《重修禹王庙碑记略》/ 127
万历年《增祭禹王庙碑记略》/ 128
清乾隆年《重修禹王庙碑记》/ 129
乾隆年《禹庙祭祀告示碑》/ 131
嘉庆年《重修庙碑》/ 132
民国年《募化重修禹庙观音殿碑略》/ 138
当代己卯年《重修禹王宫碑记》/ 139
朝禹路碑记 / 140
重勒南宋有夏皇祖之庙碑后记 / 141
禹王宫镌刻岣嵝碑记 / 142
禹王宫送电碑记 / 143
禹王宫饮水工程碑记 / 145
道长李永德墓塔记略 / 145
道长张元厚碑记略 / 147
第二节　禹帝行祠碑记
明嘉靖年《重修禹帝行祠并桥记略》/ 149
清康熙年《重修碑略》/ 150
康熙年又《重修碑略》/ 151
乾隆年《重修碑略》/ 151
嘉庆年《重修碑略》/ 152
第三节　崇伯观碑记
明景泰年《重修崇伯庙记略》/ 153

正德年《重修崇伯庙记略》/ 154
嘉靖年《重修崇伯庙记略》/ 154
第四节　元武庙碑记
明弘治年《重修元武庙记略》/ 156
第五节　无量殿碑记
清乾隆年《重修无量殿碑记》/ 157
第六节　洪君庙碑记
清嘉庆年《重修洪君庙记略》/ 158
第七节　文笔峰碑记
清乾隆年《重修文笔峰碑略》/ 159
第八节　大禹铭碑记
大禹铭碑文 / 160
第九节　墓志碑记
孙叔敖墓志略 / 162
杨应聘墓志铭 / 163
杨嘉猷墓志略 / 168
石凝墓碑文 / 170

第五章:镌　刻　篇

第一节　摩崖石刻
系马石 / 172

朝禹路 / 173
涂山古道 / 174
含　晖 / 175
候人兮猗 / 176
卧仙石 / 177
鸳　鸯 / 178
聚仙台 / 179
台　桑 / 180
禹娶于斯 / 181
灵官殿 / 182
涂山岩岩 / 183
望　夫 / 184
青　龙 / 185
白　虎 / 186
旷览平成 / 187
我造彼昌 / 188
安　邦 / 189
定　国 / 190
永系天晖 / 191
朝　日 / 192
神　禹 / 193
圣　泉 / 194

灵　泉 / 195
玉液泉 / 196
雄视五岳 / 197
龙王之 / 198
第二节　禹庙木刻
萧　娴·功盖古今 / 200
邵华杰·平成永赖 / 201
沈济澍·明德远矣 / 202
章炳文·大禹治水联 / 203
周慧珺·杨瞻谒夏禹祠联 / 204
朱关田·大禹治水联 / 205
张　森·杨耀南禹王宫联 / 206
王伟平·张树侯禹王宫联 / 207
钱君匋·张树侯禹王宫联 / 208
王永桂·宋春翘禹王宫联 / 209
肖　光·孙筱波禹王宫联 / 210
张　超·宫尔铎禹王宫联 / 211
马祖润·宫尔铎禹王宫联 / 212
姚　聪·李鉴题涂山诗 / 213
刘　云·黄庭坚涂山诗 / 214
第三节　涂山碑刻
史念海·夏之兴也以涂山 / 216

陈玉龙·有夏皇祖之庙 / 217
岣嵝碑·古　篆 / 218
季羡林·台　桑 / 219
沙孟海·禹王宫 / 220
苏　轼·涂山诗 / 221
杨士林·朝禹路 / 222
启　功·淮河碑林 / 223
戴明贤·战国《尸子》语 / 224
邱　零·禹所娶涂山侯国也 / 225
张肇思·皇甫谧《帝王世系》节录 / 226
顾廷龙·启所生处 / 227
鲁彦周·录《书经·虞书》句 / 228
冯亦吾·大禹颂楹联 / 229
张成之·定国安邦 / 230
安廷山·禹王治水颂 / 231
李保孚·涂山雄风 / 232
吴树声·大禹颂句 / 233
廖静文·晋王夫人《涂山启母颂》/ 234
袁　振·颂禹王诗 / 235
刘开渠·奉　献 / 236
吴作人·大禹故居 / 237
顾祖英·《竹书纪年》节录 / 238

陆绪川·录《尚书·五子之歌》/ 239
葛　路·录皇甫谧铸鼎语 / 240
史进前·录《荀子·君道》/ 241
张　旭·录《淮南子·原道训》/ 242
萧心涛·九州禹迹 / 243
宋保全·大禹启志 / 244
黎　泉·涂山颂 / 245
也　农·大禹颂楹联 / 246
杨庆蔚·禹王涂山颂 / 247
岳　石·大禹功德颂 / 248
李传周·唐人胡曾诗 / 249
刘蔚山·录《庄子·天下语》/ 250
张　海·录康有为题禹王宫条屏 / 251
周本信·录柳宗元《涂山铭》句 / 252
王　安·《水经注·河水》节录 / 253
魏　巍·山岳峥嵘 / 254
李永高·录《尚书·五子之歌》/ 255
梁上泉·大禹涂山颂 / 256
梁　东·录《竹书纪年·帝禹夏后氏》/ 257
黎光祖·唐杜甫《禹庙》/ 258
郑心一·碑林颂 / 259
李峰山·大禹之乡 水利始祖 / 260

严振华·录《吕氏春秋·开春论·爱类》/ 261
邢培林·录《史记·河渠书》句 / 262
张　翰·大禹治水颂 / 263
王赤极·涂山颂 / 264
王　珺·大禹颂楹联 / 265
王舒冰·苏轼《濠州七绝·涂山》/ 266
贺敬之·题涂山禹迹 / 267
杜宏本·禹　魂 / 268
公　刘·疏为上 / 269
沈鸿根·涂山大禹颂 / 270
姒元翼·杜甫《禹庙》/ 271
顾廷龙·录屈原《天问》句 / 272
王德恭·苏东坡诗《泗州僧伽塔》/ 273
臧克家·大禹颂 / 274
王学仲·圣水亭 / 275
谭其骧·涂山地望 / 276
阎梓昭·录《涂山铭》句 / 277
蔡华林·录《论语·阳货》句 / 278
李成海·大禹颂 / 279
苍山老人·录《淮南子·氾论训》句 / 280
蔡长春·录赵炯然《涂山》诗句 / 281
杨　熠·归　源 / 282

逸　鸿·大禹治水颂 / 283
胡洁青·录晋王夫人《启母涂山颂》句 / 284
完颜艺舟·录《吕氏春秋·音初》句 / 285
孙亚兵·录《尚书·五子之歌》句 /286
周　际·录《尚书·甘誓》/ 287
马成邦·录《墨子·节葬》/ 288
汤竹贤·涂山禹王颂 / 289

主要参考文献 / 290
后　记 / 291

第一章：文　录　篇

娶于涂山①

禹曰：娶于涂山，辛壬癸甲②，启呱呱而泣③，予弗子④，惟荒度土功⑤。

[注释]

①选自《尚书·益稷》，题目为编者所加。涂山:古国名。

②辛壬癸甲：天干计有甲、乙、丙、丁、戊、己、庚、辛、壬、癸十个计数，从辛日到甲日，共四天。

③启：禹的儿子。《帝系》曰：“禹娶涂山氏之子，谓之女娲，是生启。”

④弗子：指不能抚养爱护启。子，爱。

⑤荒：通“忙”。度：谋虑。土功：治理水土的事。

禹合诸侯①

左丘明

禹合诸侯于涂山，执玉帛者万国②。

作者简介

左丘明，春秋鲁国人。相传曾为鲁太史，为《春秋》作传，成《春秋左氏传》，又称《左传》。又作《国语》。

[注释]

①选自《左传·哀公七年》。合:会聚,聚合。

②玉帛：玉器丝绸，古代典礼所用。泛指礼器。此处指诸侯朝会时的礼物。

会诸侯于涂山[①]

帝禹夏后氏元年壬子，即位居冀，颁夏时于邦国[②]。五年，巡狩会诸侯于涂山。

[注释]

①选自《竹书纪年》。《竹书纪年》是中国古代编年体史书。晋咸宁五年（279年）在汲郡战国时魏墓中发现，原本写于竹简，故名。作者不详。本段语录选自《竹书纪年·帝禹夏后氏》。

②夏时：夏历。

天下归启[①]

禹荐益于天[②]，七年禹崩，三年丧毕，天下归启。

[注释]

①选自《竹书纪年》。

②益：人名。为大禹治水的主要助手。《史记·夏本纪》：“(禹)至于会稽而崩，以天下授益。三年之丧毕，益让帝禹之子启，而辟居箕山之阳。禹子启贤，天下属意焉。及禹崩，虽授益，益之佐禹日浅，天下未洽，故诸侯皆去益而朝启，曰：‘吾君帝禹之子也，于是启遂即天子之位，是为夏后帝启。”

禹，吾无间然矣①

孔　丘

子曰：“禹，吾无间然矣②。菲饮食而致孝乎鬼神③，恶衣服而致美乎黻冕④，卑宫室而尽力乎沟洫⑤。禹，吾无间然矣。”

作者简介

孔丘（前551—前479），名丘，字仲尼。春秋鲁国陬邑（今山东曲阜）人。我国古代著名的思想家、教育家，儒家学说创始人。曾任礼、委吏、乘田一类的小官，周游列国均不为所用。曾长期聚徒讲学。由他的弟子、再传弟子编其言论成《论语》一书，对后世影响很大。其被统治者尊为至圣先师。

[注释]

①本段语录选自《论语·泰伯》。

②间（jiàn）然：非议，异议。这里是批评、挑剔的意思。

③菲：不厚、薄。

④黻（fú）：古代礼服上绣有半青半黑的花纹；冕：帽子。黻冕：指古代大夫以上者祭祀时所穿的礼服。

⑤卑：低矮。沟洫（xù）：田间水道，即沟渠。

启自取之也[1]

韩　非

禹爱益，而任天下于益，已而以启人为吏。及老，而以启为不足任天下，故传天下于益，而势重尽在启也。已而启与支党攻益夺之天下。是禹明传天下于益，而实令启自取之也。

作者简介

韩非（前280—前233），战国韩国公子。我国古代著名哲学家、思想家、政治家和散文家，法家思想集大成者。与李斯同师事荀子，斯自以为不如。韩非建议韩王变法，不用。后使秦，李斯忌其才，入狱而死。曾作《孤愤》等篇十余万言，今有《韩非子》传世。

[注释]

①摘自《韩非子·外储》。

卑宫室美黻冕

列御寇

鲧治水土，绩用不就，殛诸羽山。禹纂业事仇[1]，惟荒土功，子产不子，过门不入，身体偏枯，手足胼胝。及受舜禅，卑宫室[2]，美黻冕，戚戚然以至死[3]。

作者简介

列御寇，战国时郑国人，著名思想家、寓言家和文学家，道家学派代表人物。今本《列子》传为其所著。

[注释]

①纂：古同缵（zuǎn），意为继承。

②卑宫室：宫室简陋。

③戚戚然：忧郁、悲伤的样子。

十年未阚其家

尸　佼

禹疏河决江，十年未阚其家①。手不爪②，胫不毛③，生偏枯之疾④，步不相过，人曰禹步⑤。

作者简介

尸佼（前390—前330），战国时期著名政治家、思想家，先秦诸子百家之一，为秦相商鞅的宾客。著有《尸子》。该书元、明之际全佚。今《尸子》为清代辑本。

[注释]

①阚（kàn）：看望，探视。

②手不爪：指甲全部磨损。

③胫不毛：自膝至脚跟的体毛全被(淤泥）磨光。

④偏枯：病名，半身不遂。

⑤禹步：跛行。禹治水辛苦，身病偏枯，足行艰难，故名。

禹　　娶①

禹娶涂山氏之子，谓之女娲，是生启。

[注释]

①选自清代雷学淇校辑本《世本·帝系》。《世本》，书名。记黄帝以来至春秋时（后人增补至汉），列国诸侯大夫的氏姓、世系、居（都邑）、作（制作）等。成书于战国，作者不详。此书在唐代已残缺，至宋末亡佚。现存的版本为清代所辑。

禹　　纳①

禹纳涂山氏女，曰娇，是为攸女②。

[注释]

①摘自清代张澍粹集补注本《世本·帝系》。

②攸女：古人说到禹所娶涂山氏女的名字时，有曰“女娲”“女娇”，也有曰“攸女”。本文“曰娇，是为攸女”。晋代皇甫谧《帝王世纪》曰：“禹始纳涂山氏女曰女娲，至是为攸女。”

三过其门而不入①

孟 轲

当尧之时，天下犹未平，洪水横流，泛滥于天下。草木畅茂，禽兽繁殖，五谷不登，禽兽逼人，兽蹄鸟迹之道交于中国。尧独忧之，举舜而敷治焉②。舜使益掌火，益烈山泽而焚之，禽兽逃匿。禹疏九河，瀹济漯而注诸海③，决汝汉、排淮泗而注之江，然后中国可得而食也。当是时也，禹八年在外，三过其门而不入，虽欲耕得乎？

作者简介

孟轲（约前372—前289），字子舆，战国时邹国人。我国古代著名思想家、教育家，战国时期儒家学派代表人物，继承孔子学说并有所发展。后世追封为“亚圣公”，尊称为“亚圣”，受儒教祭祀，在儒家中地位仅次于孔子。其弟子及再传弟子将孟子言行记录成《孟子》一书。

[注释]

①本段语录选自《孟子·滕文公》。

②敷：施行，即治理的意思。

③瀹（yuè）：疏导。

始作南音①

吕不韦

禹行功，见涂山之女，禹未之遇，而巡省南土。涂山氏之女令其妾待禹于涂山之阳。女乃作歌，歌曰“候人兮猗”②，实始作为南音。周公、召公取风焉，以为《周南》《召南》。

作者简介

吕不韦（前292—前235），战国末期著名商人、政治家、思想家，官至秦国丞相。秦庄襄王时，秦始皇年幼即位，尊吕不韦为仲父，封文信侯。吕不韦专断朝政，后获罪流放，途中自杀。《吕氏春秋》为吕不韦命门客编纂。

[注释]

①摘自《吕氏春秋·音初》。

②“候人兮猗”：为南音之始，早于《周南》《召南》。

涂山强于教诲①

刘　向

涂山氏长女，夏后娶以为妃②。既生启，辛壬癸甲，启呱呱泣，禹去而治水，三过其家，不入其门。涂山独明教训。及启长，化其德③，而从其教，卒致令名。君子谓涂山强于教诲。

作者简介

刘向（前77—前6），原名更生，字子政，汉朝宗室高祖弟楚元王刘交四世孙，西汉经学家、目录学家、文学家。汉宣帝时任散骑谏大夫。汉元帝时曾因反对宦官弘恭、石显等而被捕下狱。汉成帝时更名向，任光禄大夫。官至中垒校尉。著有《别录》《新序》《说苑》《列女传》等书。

[注释]

①摘自《列女传·母仪传》。

②妃：皇帝的妾或太子、王、侯的妻子。本文指大禹的配偶。

③化：本文指感化、教化、培养。

予娶涂山①

司马迁

禹曰：“予娶涂山，辛壬癸甲，生启予不子，以故能成水土功。辅成五服②，至于五千里，州十二师③，外薄四海④，咸建五长，各道有功。”

作者简介

司马迁（约前145—约前90），汉夏阳人。字子长，司马谈之子。我国古代著名史学家、文学家、思想家。元封三年（前108年），继父职任太史令，完成《史记》一百三十篇，是我国古代第一部纪传体史书。该书被鲁迅誉为“史家之绝唱，无韵之离骚”。与《资治通鉴》并称为“史学双璧”。

[注释]

①摘自《史记·夏本纪》。

②五服：古代王畿外围，每五百里为一区划，按距离的远近分为五等地带，叫五服。

③州有十二师：指大禹治水征集人员举措。师：二千五百人。十二师是三万人。即每个州征集三万人。

④薄：逼近、靠近。四海：古代以为中国四周皆有海。后以“四海”指天下。长：位高者。《尚书·益稷》：“外薄四海，咸建五长。”

夏之兴也以涂山①

司马迁

自古受命帝王及继体守文之君②，非独内德茂也③，盖亦有外戚④之助焉。夏之兴也以涂山，而桀之放也以末喜⑤。

[注释]

①摘自《史记·外戚世家》。

②继体守文：继承政体，遵循成法。

③内德茂：自己的修养、德行优秀。

④外戚：指皇帝之母及后妃的亲族。

⑤桀：夏代最后一位国君，为古代暴君的典型。放：放逐。末喜：人名，夏桀妃，有施氏之女。有施氏原为喜姓。

禹所娶涂山①

应　劭

禹所娶涂山，侯国也。

作者简介

应劭（约153—196），东汉学者，字仲瑗，汝南郡南顿县（今河南项城）人。专心好学，博览多闻。灵帝时，举孝廉。平生著作颇丰。

[注释]

①摘选自应劭注《汉书·地理志》。原文为："禹所娶涂山，侯国也，有禹墟。"

《汉书》是中国第一部纪传体断代史，"二十四史"之一，为东汉时期著名史学家、文学家班固编撰。东汉以来为《汉书》注解、音释和校订者代不乏人，硕果累累。自汉至南北朝数百年间，应劭等学者，或为注解，或为音释，各成一家。

铸　鼎①

皇甫谧

禹铸鼎于荆山②。

作者简介

皇甫谧（215—282），安定郡朝那（今甘肃灵台县）人，字士安，号玄晏先生。东汉名将皇甫嵩的曾孙。三国西晋时期学者、医学家、史学家。有《针灸甲乙经》《历代帝王世纪》《高士传》《列女传》等传世。

[注释]

①选自《帝王世纪》。

②铸鼎：《史记·武帝纪》：“禹收九牧之金，铸九鼎。”相传，大禹在涂山会诸侯，九州牧长各率卫众来朝，人数众多。要解决烹煮食物的问题，应是各带青铜，在涂山对面的荆山上铸鼎。涂山的“涂”，异体写作“嵞”。“余”指诸侯和部落酋长在禹墟朝会时，“凡其余聚以待颁赐”者，大会期间多聚于荆、涂二山之上，其中包括铸鼎和用鼎烹饪的人。而“余”下的“屾”（xīn），则表示荆、涂二山并立。“屾”字在怀远一直延用至今。出于记事、记功的需要，鼎上可能浇铸刻画一些图像或符号。这样，“鼎”就具有了更大的象征意义，以至后来成为象征国家政权的传国之宝。

禹娶在山西南①

郦道元

淮水自莫邪山东北，径马头城北②，魏马头郡治也，故当涂县之故城也。《吕氏春秋》曰：禹娶涂山氏女，不以私害公，自辛至甲四日，复往治水。故江淮之俗，以辛壬癸甲为嫁娶也。禹娶在山西南，县即其地也。

作者简介

郦道元（约466—527），北魏范阳（今河北涿州）人，字善长，著名地理学家、散文家，曾任御史中尉、北中郎将等职，后任关右大使。性好学，注意地理之学。为《水经》作注，注文二十倍于原书，成《水经注》四十卷，为古代关于河流方面的地理巨著。

[注释]

①本段语录摘自《水经注·淮河》。

②马头城：涂山之南有集镇名马头城。汉为当涂侯国与平阿侯国地。东汉置当涂、平阿二县。东晋当涂县侨置江南，该处先后设马头县、马头郡。隋改名涂山县。唐涂山县并入钟离。马头城原为怀远县马城镇政府驻地，该镇2013年8月划入蚌埠市禹会区。

汉高祖立禹庙①

袁思邈

汉高祖过涂山②，命立启王庙，以镇荆山；立禹庙，以镇涂山。

[注释]

①汉高祖立禹庙，源出（嘉庆）《怀远县志》引自袁思邈《名胜志》。标题为编者加。

②汉高祖十二年（前195年），淮南王英布造反，刘邦亲率大军征讨。凯旋之日，途径淮河岸边的涂山。刘邦见山势突兀，气压洪源，随口问道："此山何名？"心腹谋士陆贾答："此山乃涂山。夏后氏之兴也缘自台桑。"陆贾述说了大禹情系治水，三过家门而不入，其妻台桑生夏启，启母教子有方等故事。刘邦感慨万千，随命

人在涂山建禹庙，以镇涂山；在荆山建启庙，以镇荆山，让人永远缅怀大禹治水的功德。

涂山铭并序

柳宗元

惟夏后氏建大功[1]，定大位，立大政，勤劳万邦，和宁四极，威怀之道，仪刑后王[2]。当乎洪荒方割，灾被下土，自壶口而导百川，大功建焉。虞帝耄期[3]，承顺天历[4]，自南河而受四海[5]，大位定焉。万国既同[6]，宣省风教[7]，自涂山而会诸侯，大政立焉。功莫崇乎御大灾，乃赐玄圭[8]，以承帝命。位莫尊乎执大象[9]，乃辑五瑞[10]，以建皇极。政莫先乎齐大统，乃朝玉帛[11]，以混经制[12]。是所以承唐虞之后，垂子孙之丕业[13]，立商周之前，树帝王之洪范者也。

呜呼！天地之道，尚德而右功[14]。帝王之政，崇德而赏功[15]。故尧舜至德[16]，而位不及嗣。汤武大功，而祚延于世[17]。有夏德配于二圣，而唐虞让功焉[18]。功冠于三代，而商周让德焉[19]。宜乎立极垂统[20]，贻于后裔。当位作圣，著为世准[21]。则涂山者，功之所由定，德之所由济，政之所由立，有天下者宜取于此。

追维大号既发[22]，华盖既狩[23]，方岳列位[24]，奔走来庭，山川守神，莫敢遑宁[25]。羽毛四合[26]，衣裳咸会[27]，虔恭就列，俯偻听命。然后示之以礼乐，和气周洽；申之以德刑，天威震耀。制立谟训[28]，宜在长久。厥后，启征有扈[29]，而夏德始衰；羿距太康[30]，而帝业不守。皇祖之训不由[31]，人亡政坠，卒就陵替[32]。向使继代守成之君[33]，又能绍其功德，修其政统，卑宫室[34]、恶衣服[35]、拜昌言、均平赋、一制度、定朝会，则诸侯常至，而天命不去矣。兹山之会，安得独光于前欤？是以周穆遐追遗法[36]，复会于是山，声垂天下，亦绍前轨，用此道也。故余为之铭，庶后代朝诸侯制天下者，仰则于此。其辞曰：

惟禹体道[37]，功厚德茂。
会诸侯卫[38]，统一宪度。
省方宣教，化制殊类[39]。
咸会坛位[40]，承奉仪矩[41]。
礼具乐备，德容既孚[42]。
乃举明刑，以弼圣谟[43]。
则戮防风，遗骨专车[44]。
克威克明[45]，畴敢以渝[46]。
宣昭黎献，底定寰区[47]。
传祚后昆，丕承帝图[48]。
涂山岩岩，界彼东国。
惟禹之德，配天无极。
即山刊碑，贻后作则。

作者简介

柳宗元（773—819），字子厚，河东解县（今属山西运城）人。唐代著名文学家、哲学家、散文家和思想家。唐宋八大家之一。参与王叔文的政治革新活动，遭到顽固势力的迫害，被贬为永州司马，后任柳州刺史，卒于任上。著有《柳河东集》。

[注释]

①夏后氏：古史称禹受舜禅，建夏王朝，也称夏后氏、夏后或夏氏。

②仪刑：指效法，行法规，做楷模。

③耄期：指高年。八十九十曰耄。

④天历：天运。即自然气数。本文指天命。

⑤南河：黄河古称。自潼关以下由西向东流的一段称为南河。

⑥万国：万邦，指全国各地。

⑦宣：公开说出、疏导。省（xǐng）：检查、察看、视察。“先王以省方观民设教。”

⑧玄圭：一种黑色的玉器，上尖下方，古代用以赏赐建立特殊功绩的人。亦借指特大功业。《尚书·禹贡》：“禹锡玄圭，告厥成功。”孔传：“玄，天色，禹功尽加于四海，故尧赐玄圭以彰显之，言天功成。”

⑨大象：本指世界一切事物的本原。后也借指封建帝王的一统天下。

⑩五瑞：指古代以玉制成的礼器，曰“璧、璜、圭、琮、璋”等五种瑞玉。该玉为古代诸侯作符信，备受器重，视之五种祥瑞之物。

⑪玉帛：瑞玉和缣帛。古代祭祀、会盟时用的珍贵礼品。

⑫经制：治国的制度。混：统一。

⑬唐虞：唐尧、虞舜。垂：传留。丕业：大业。

⑭尚德：尊从崇高的德行、服膺崇高的威望。《荀子·王制》：“无德不贵。”（没有崇高的道德就不应尊贵他）右功：右，上也。右功，看重、尊奉功绩。

⑮崇德：推崇德行。赏功：对有功者赐于财物、官爵等。

⑯至德：最高尚的道德。

⑰祚：福。本文指皇位。

⑱有夏：指夏代。二圣：指唐尧、虞舜。让功：《尚书·尧典》：

"允功克让。""推贤尚善曰让。"这里指尧、舜推举有大功的禹，舜将天子位禅让于禹。

⑲三代：夏、商、周。让德：在德行和威望上退步。让，退也。

⑳立极垂统：树立治理国家的最高德行和威望，并把这种基业传留给后代。

㉑当位作圣，著为世准：居于天子之位，要做到最有德行，并标举为世代尊从的准则。

㉒追：回溯。维：通"惟"，思考。大号：号召、号令。

㉓华盖：天子所用的伞盖。狩：天子巡阅诸侯曰"狩"。

㉔方岳：四方的大山。《尚书·周官》："王乃出巡……诸侯各朝于方岳。"谓天子巡行至某方岳，则诸侯会朝于此。这里是指涂山朝会。

㉕遑宁：闲暇，安定。

㉖羽毛：羽旗，仪仗中以羽毛装饰的旌旗之类。

㉗衣裳：亦曰"冠裳"。古时常用以代表有身份、有地位士大夫、诸侯。"衣裳咸会"则指诸侯国与诸侯国间以礼交好之会。这里指来朝的诸侯。

㉘谟训：谋议规训。这里偏重规仪、教训。

㉙有扈：夏时诸侯国，故址在今陕西户县北。《史记》载：启即帝位，"有扈氏不服，启伐之，大战于甘……遂灭有扈氏。天下咸朝"。

㉚羿：夏时有穷氏之国君。善于射箭，亦指"后羿"。太康：启的儿子。荒淫暴虐，为羿所逐。

㉛由：顺从，听从，用。

㉜陵替：纪纲废弛，上下失序，社会秩序混乱。《左传·昭公八

年》：“于是乎下陵上替，能无乱乎?”

㉝守文：遵守成法。

㉞卑宫室：宫室简陋。

㉟恶：讨厌、憎恨，与“美”“好”相对。《汉书·王莽传》：“恶衣恶食，陋车驽马。”

㊱周穆：周穆王，周朝天子。

㊲体：实行、实践。《淮南子·氾论训》：“故圣人以身体之。”

㊳侯卫：自侯服至卫服之地，借指侯服至卫服之间，拱卫天子的诸侯。

㊴殊类：不同的类别。这里指文明程度、风俗习惯各异的不同族类。化制：教化、节制。

㊵坛位：古代遇大事，如朝会、盟誓、封拜等都立坛以示尊重。坛位或曰“坛席”，坛上设席为坐，表示待遇隆重。

㊶仪矩：礼仪、规矩。

㊷孚：信用。为人所信服。如深孚众望。

㊸弼：辅佐，辅正。

㊹防风：传说古部落酋长名。禹会诸侯于涂山，防风氏后至，禹杀而戮之。其骨节装满大车，血从淮河的“上红”流至“下红”，荆山峡谷的淮水上下皆赤。红与洪音同，后人将红写作洪，传说涂山脚下上洪村和下洪村，村名均由此而来。

㊺克：能，战胜，制伏。《尚书·尧典》：“克明俊德，以亲九族。”《尚书·胤征》：“威克厥爱，允济；爱克厥威，允罔功。”克明克威：能以明德亲九族，能以威德使人心悦诚服。

㊻畴：畴古通俦，表示疑问，相当于“谁”。敢：冒昧之辞。

㊼底定寰区：底，指达到；寰区，广大地域；

㊽丕承：很好地继承，旧谓帝王承天受命，常曰“丕承”。帝图：帝王治国的谋略，引申为帝业，指帝王应天命的图箓。

涂山神庙[1]

《舆地志》节录

涂山有神庙。前殿中央污邪[2]，容水每干涸[3]。若祭祀者至，其水辄出[4]，随人多少给用，祭祀还，则无。

[注释]

①涂山神庙：源出清（嘉庆）《怀远县志》。

②污邪：地势低洼的地方。该文指涂山山泉。

③干涸：指干枯无水。

④辄：总是，就。

游涂荆二山记

宋　濂

濂既游琅琊山，起行至池河驿，适邮卒递内使监公牒至。及开缄，中藏濠梁古迹一卷，宸翰亲题其外[1]，令濂搜访与青宫言之[2]。濂因启曰：“临濠古迹惟涂荆二山最著。按《图经》，涂山在昔钟离县西八十五里，荆山亦在县西八十三里，二山本相联属，而淮水绕荆山之背，神禹凿开，使水流二山间，其疏凿之迹故在，人思其功，迄今弗能忘。”青宫曰：“至中都，当共往游焉，余将渡淮狩于王庄，先生宜溯流而上，届今怀远县治以俟。”濂奉敕行[3]。洪武乙卯冬十一月己巳发舟，庚午日曛[4]，姑泊县西门，而青宫已驻跸[5]于东门五里矣[4]。辛未，濂上谒，青宫喜甚，下令以壬申游二山。濂至期约怀远文学掾王景彰宿舟中[6]，黎明棹舟至涂山足，曳杖入山。山旁废址，旧皆民庐。前渡石梁，复斗折而北，累石为塘，多艺椒之园。行可三里余，视大盘石，青丝间错。颓然歆足[7]，坐谛视之，干藓交封之耳。闻有草生石上，高一尺，其花可爱，不假土力，人取悬檐间，呼为石莲花。复行四里所，岩石荦确，插起道左，危倾欲飞坠。复二里所，从微径入灌莽，抵岩罅[8]，储泉一泓，味甚甘，覆以生茨，曰圣水亭，取水以禜雨多验[9]。复一里余，至山颠，禹庙在焉。庙已毁，惟颓垣破础存。游目四顾，长淮西来，涡河北汇。而寿春、临濠、宿州之境，皆在冥茫昏杳之中，缅想南北战争屯戍处，为感慨者久之。山之下聚落甚盛，庙史云名禹会村，乃禹会诸侯之地，庐舍之比如栉。移踵入庙，庙前杏树一章，大可蔽十牛，二柏参差左右；树东置小瓮，杏柯之水时津津滴其中。庙史云，当晨雾四集，水愈多，其来如泉，可代井汲。石碣二：一大书“有夏皇祖之庙”六字，下刻宋庆元初，州守刘仲光自造；“祷雨记”一，亦记祷雨事。皇甫斌绍熙庚戌来为郡，命钟离尉丁大荣作。石未剥泐[10]，文尚可读。复从庙西循石坡而下，巨石危立如人形，遥望之，一妪俨然也，相传为启母石。庙史云：居人每刲羊豕祭之[11]，至有粉黛饰其貌者，闻之不觉大笑。山半旧有僧房，今废。久俟鹤驾不来[12]，忽使者至云，扈从士马多，无桥可以渡河，青宫不复至矣。言未既，但见旌旗如锦绣曳上荆山矣。濂亦下山麓，入鲧庙，见所题神号鄙俚，弃而不睨。出读祖无择所赋歌，京口孙临为书碑。盖无择谪守寿春过此而作也。复北经县治，折而东行三里所，至荆山。梁魏交斗时就山筑堰，以灌寿春，其遗迹犹斑斑可见。复行三十步，岩广如屋。侧身而入，石屏如床座，可坐人，号为卞和洞。自西上复一里所，过避雨石，石斜倚可避雨，故名。复六十步，至产玉坡。奇石骈列，玄质而白，缘槃如雪，西有玉池，榛荆迷路不可寻。景彰欲导游青峰庵，足倦遂止。时青宫已猎远郊，濂因登舟先还中都云。

惟二山见诸载记者多殊。以涂山言之，春秋左氏传云：禹合诸侯于涂山。杜预注云：在寿春县东北。说者云：今之濠州是也。《国语》《史记》则又云：禹会诸侯于会稽，故会稽亦有涂山。《吴越春秋》亦以涂山在会稽，又兼载涂山之歌。应劭云：涂山在永兴北。说者云，今会稽萧山是也。是二说已不能归于一致矣。至于《苏鹗演义》有云：涂山有四，一会稽，二渝州，三濠州，四当涂。然其处皆有禹迹。或者遂谓禹之治水，固尝遍历宇内，而会诸侯实在会稽之涂山。柳子厚《涂山铭》，苏子瞻、子由涂山诗，指在濠州者，皆非是。濂之存疑而未决者一也。

以荆山言之，荆山，楚山也。楚之先王熊绎，僻在荆山，筚路蓝缕，以处草莽，至成王始盛，又昭王有言曰：自吾先王受封，望不过江、汉、河，非所获罪……则楚之封疆可知。七传至昭王，始迁都郢。郢即今之江陵。其地有荆山，一名景山。荆故楚号也，有之诚宜。世则指为濠州。濠州古钟离子国，与寿春密迩[13]。楚自昭王之后，历十一传，至考烈王，始徙都寿春。

《韩非子》所载卞和献玉事，乃在历、武、文三王之际。昭王上接武王，已越十世。当三王时，钟离何尝属楚，而强谓卞和至此山耶！《新序》又谓抱玉而泣，在共王之时。《杂记》又谓在怀王及其子平王之时。平王乃昭王之父，下距怀王九世。共王上至武王亦六世，何颠倒如是耶！濂之存疑而未决者二也。

大抵山川遗迹，非本诸经史者多不可信。必欲可信，涂山当稽之左氏，以寿春为正；荆山当正诸史传，以江陵为正。有谓涂山氏乃古国名，禹曾娶其女者，别是一说，与此殊不相涉也。

濂耄矣，诸书遗忘欲尽，所记忆者，未必无舛讹⑭，辄缘纪游，因挂漏书之。

作者简介

宋濂（1310—1381），字景濂，号潜溪，浙江金华潜溪人。后举家迁居浦江。明初著名政治家、文学家、史学家、思想家。6岁读书，9岁能赋诗，有神童之称。元至元二年应浦江义门郑氏之聘，讲学于浦江青萝山下。元至正九年被荐为翰林院编修，以奉养父母为由，辞不应召。至正十八年，朱元璋攻取婺州，开郡学，聘为五经师。明洪武元年（1368年），朱元璋称帝，就任江南儒学提举，为太子讲经，成为历史上有名的文学侍从之臣。洪武二年（1369年），奉命任《元史》总裁官，很受朱元璋器重，书成升翰林学士。洪武四年（1371年），调任国子司业，次年迁赞善大夫。洪武六年（1373年），升翰林院学士承旨知制诰兼修国史。洪武十年（1377年）正月，告老归里。洪武十三年（1380年），因长孙宋慎牵连胡惟庸党案，全家被流放茂州。明洪武十四年（1381年），在流放途中病卒于夔州，终年72岁。

[注释]

①宸翰：帝王的墨迹。宸，古代帝王居住的地方，也指帝王；翰亦指毛笔、书信、文字等。

②青宫：太子居东宫，东方属木，于色为青，故称太子所居为

青宫。本文借指太子。

③日曛：日色昏黄。指天色已晚。

④敕：帝王的诏书、命令

⑤跸（bì）：帝王出行时清道，禁止行人来往，如警跸；泛指帝王出行的车驾，如驻跸，即帝王出行时沿途停留暂住。

⑥文学掾（yuàn）："掾"在古代为副官佐或官署属员的通称。"文学掾"职责管理学校、教授弟子，兼管教化、礼仪之事。

⑦攲（qī）：斜倚，斜靠。

⑧罅（xià）：缝隙，裂缝。

⑨禜（yíng）：古代一种祈求神灵消除灾祸的祭祀："山川之神，则水旱疠疫之灾，于是乎禜之。"

⑩剥泐（bāolè）：谓石料剥蚀断裂。

⑪刲（kuī）：割。

⑫鹤驾：太子的车驾。

⑬密迩：很接近。多指地理上的距离。

⑭舛讹（chuǎné）：错乱，错误。

祭禹王文[①]

曹　兰

涂山公祭，自古有之。祭文精品纷呈，不胜枚举。惟有明朝凤阳知府曹兰的祭文与众不同。文曰：

惟王道承尧舜，德配乾坤，地平天成，万世永赖，幸此衮冕[②]，遗瞻荆涂，祀典有严，神明莫测。迩者狼大食人[③]，到处有迹。始则一二其微，今则三五成阵，党类渐多，狡性渐恶，踪迹所自，多出涂山。窃意清平之时[4]，曷宜妖物之见[5]，岂天厌斯人之失职，故将薄其谴欤！兰为郡长吏，厥咎孔殷，宁甘自罚，曷忍殃民？民有胡罪[6]？死有胡名？以是用忧，不遑寝处。顾人力不能以顿除，仗神威乃可以汛扫[7]。祸有烈于旨酒，罚更甚于支祁[8]。兰不胜惶惧，听命之至，谨告。

作者简介

曹兰，生卒不祥，明代关中（今陕西西安）人，正德年间任凤阳知府。时年涂山周边人烟稀少，群狼出没伤人。曹兰闻讯亲赴涂山祭祀，又组织民众驱赶狼群，狼群最终匿迹。明《中都志》载有曹兰任期满，升任山西布政使，后又任顺天府尹等。

[注释]

①该文选自清（嘉庆）《怀远县志》。

②衮冕：衮衣和冠，为帝王与上公的礼服和礼冠。

③迩：近。

④窃：本文为代词，表示自己的谦语。

⑤曷：怎么，为什么。

⑥胡：文言疑问代词，为什么，何故。

⑦汛扫：洒扫，意为驱除。

⑧支祁：淮河水怪无支祁，被大禹擒拿，镇锁水底牢笼。

涂　山

《凤阳府志》节选

清（光绪）《凤阳府志·山考》载：“涂山在淮东，与荆山夹淮并峙为胜。自怀远县治至山麓五里，双峰峻耸。西峰建禹庙，东峰为无量佛殿。山势西蹙于淮而连延于东。西南麓有小涂山[1]，颇坦迤，文笔峰建焉[2]。直西陡下山半，有佟妃祖墓[3]，面荆山，迎淮水；左有象岭，右有狮子山。狮子山之麓下洪也[4]。西北麓起小山，为九龙坟。一坡直走淮心，长可一里，俗名李家嘴。其西南麓伏而起为三山，亦谓之九岗，起伏重叠，滨于天河。其山之引而东者，曰石门山。两山如门，半山有狼洞，颇隘。北下为石门涧，境绝幽旷。涧左右有圆石二，各径三丈余，叩之音如锣鼓，曰锣鼓石[5]。石滨于淮。石门又东为夹山。有径通南北，为夹山口。石门迤北高岭三里许，起一山为洪君庙山[6]，滨于淮。一尖山附其南，曰次山。自石门骑岭而东一峰特高，曰独山。又高起一峰无名。又东为熨斗山，山顶平而洼，大可五亩，为熨斗窝。又东曰马牙山[7]，其高并于独山。北行一垄，为茨山。又北下两小山，东曰许家山，西曰周家山，皆滨于淮。马牙山又东，有小山曰石虎山，亦名谷堆山，又名徐家山。有石虎山神庙也。山势至此尽矣。其南七里，别起小山，为秦家山；其东南五里，别起小山为黄山（旧名香山，亦名王二山），其东三里许越涧(宋家沟)，起小石山，孙叔敖墓在其北[8]。迤东北一山，曰张公山，与凤阳县分界。”

[注释]

①小涂山：山名，坐落涂山主峰西南的淮水东岸，山势颇平坦，山顶建有文笔峰，山下为荆涂两山大峡谷。

②文笔峰：即文笔塔，遗址位于小涂山顶，明万历年间何极建，年久倒塌，乾隆中廪生杨廷瑶复建，又倒塌毁坏。乾隆五十六年杨廷瑶之子杨如兰等倡捐修复。该塔名曰“文笔”，意为“文昌帝君点魁之笔”。

③佟妃祖墓：佟妃为康熙帝生母，顺治帝妃子，出身于八旗汉军家庭。其祖墓坐落在圣泉直下、象岭与狮山间的桃花园中。涂山北麓有佟家营，怀远县城曾有佟家楼、佟楼街、佟家牌坊。

④狮子山：又名老虎山，坐落下洪村，因形状似狮子老虎故名。

⑤锣鼓石：坐落石门涧两侧，直径各三丈有余，叩之音如锣鼓，故名锣鼓石。惜民国三年（1914年）被毁。

⑥洪君庙山：因山上建有洪君庙故名。洪君即洪福，南宋爱国将领，宁死不降，满门罹难，邑人怀念故建庙纪念。遗址今为涂山小学。

⑦马牙山：马牙山今称黑虎山，为涂山向东延伸的山脉。主峰海拔190.5米，周围连绵10余座丘陵，峰东有徐小山，峰北有茨山、蚂蚁山、周家山、许家山，峰西有熨斗山等。

⑧孙叔敖墓：孙叔敖因出色的治水、治国和军事才能，官拜令尹（宰相）。在他的辅佐下，楚国成为春秋五霸之一。其墓坐落老贯徐村东、九龙集村北小石山旁。

禹的根据地

吕振羽

禹娶于涂山氏，禹的发迹也从涂山氏，禹常会诸侯于涂山，涂山不啻成了禹的根据地。

作者简介

吕振羽(1900—1980)，名典爱，字行仁，学名振羽，湖南省邵阳人，我国著名史学家，生平著述较多，主要史学著作有《史前期中国社会研究》《殷周时代的中国社会》《中国政治思想史》《简明中国通史》《中国社会史诸问题》《中国民族简史》《史学研究论文集》《史论集》《吕振羽史论选集》《中国历史讲稿》等。

涂山地望

谭其骧

《左传·哀公七年》：禹合诸侯于涂山，执玉帛者万国。杜预注：山在寿春东北，《汉书·地理志》：九江郡当涂县（故城怀远县东南）下，应劭曰：禹所娶涂山侯国也，有禹墟。《水经·淮水注》于当涂故城下，再次提及禹墟。《元和郡县志》：濠州钟离县（治今临淮关）下有涂山，在县西九十五里，又曰：当涂县故城，本涂山氏国，在县西南一百一十七里，禹娶于涂山，即此也。

前人释涂山地望，众说纷纭，惟此今怀远县东南淮水南岸一说，合于汉晋之旧，宜以为正。上举数条，即此说所本。又，唐柳宗元、宋苏轼之《涂山铭》与诗，亦指此山。

作者简介

谭其骧，字季龙，浙江嘉兴人，1911年生，曾任清华、燕京、辅仁、浙大等著名大学讲师、副教授、教授。1950年起，任上海复旦大学历史系教授、历史系主任、历史地理研究所所长。1981年，当选中国科学院地学部委员，并任中国史学会常务理事、中国地理学会理事、中科院地理研究所兼职研究员、《中国历史大辞典》副总编辑、《中国大百科全书》历史卷与地理卷编委、《历史地理》杂志主编。1955年，毛泽东主席倡议新编《中国历史地图集》，谭其骧被推荐任主编。该书经过20年编纂最终完成。《中国历史地图集》，明确将大禹治水会诸侯涂山，标注在安徽省蚌埠市，并被国家确认和史学界接受。

第二章：诗　赋　篇

天　问(节录)

屈　原

禹之力献功[①]，降省下土四方[②]。
焉得彼涂山女[③]，而通之于台桑[④]。
闵妃匹合[⑤]，厥身是继[⑥]；
胡维嗜不同味[⑦]，而快朝饱[⑧]？

作者简介

屈原（约前339—前278），名平，字原。又自云名正则，字灵均。战国时楚国政治家、诗人。初辅佐楚怀王，做过左徒、三闾大夫，主张改革政治、任用贤才，遭馋去职，后自沉汨罗江而死。屈原是伟大的爱国诗人，著有《离骚》《九歌》《天问》《九章》等。他创作的“楚辞”是中国浪漫主义文学的源头，与《诗经》并称“风骚”，对后世诗歌产生深远的影响。

[注释]

①力：精力。献：投入、贡献。功：指治水功业。

②降省（xǐng）：下来视察。

③涂山：古国名。涂山原属怀远县境，2013年8月划入蚌埠市禹会区管辖。《史记·夏本纪》载：禹娶涂山氏女，生子启。

④通：通婚，男女交合。台（yí）桑：地名，在涂山之上。

⑤闵：忧，爱怜之意。妃：配偶。匹合：婚配。

⑥厥：其。继：继嗣。厥身是继：即继厥身，传宗接代的意思。

⑦胡：为何。维：语气助词。嗜：爱好，嗜好。本句的意为大

禹和涂山氏女的族类不同。

⑧快：快乐，满足。朝饱：一朝饱食，比喻一时的欢乐。“胡为嗜不同味，而快朝饱?”为反问，既然族类不同，为什么还贪图一时欢畅?

涂山氏女之歌①

秦《吕氏春秋》

候人兮猗②!

[注释]

①《吕氏春秋·音初》载：“禹行功，见涂山之女，禹未之遇而巡省南土。涂山氏之女，乃令其妾待禹于涂山之阳。女乃作歌，歌曰‘候人兮猗’，实始作为南音。周公及召公取风焉，以为《周南》《召南》。”

②兮：文言助词，相当于现代汉语“啊”或“呀”。猗（yī）:叹美之词。用于句末，表示语气。

涂山之歌①

汉《吴越春秋》

绥绥白狐②，九尾庞庞③。
我家嘉夷④，来宾为王。

成家成室，我造彼昌[5]。

天人之际[6]，于兹则行。明矣哉！

[注释]

①禹三十未娶，在涂山遇到九尾白狐。涂山之人作歌曰："绥绥白狐……"禹娶涂山女，名为女娇。

②绥绥：一说舒行之貌；一说独行求匹之貌。

③庬庬：厚实，粗大。这里是说白狐有九条大而漂亮的尾巴。

④嘉夷：幸福，喜悦。"夷"古同"怡"。

⑤造：成就，达到。

⑥天人之际：天道、人理的际遇、安排。

浮淮赋(有序)

曹　丕

建安十四年，王师自谯东征，大兴水军，泛舟万艘，时予从行[1]。始入淮口，行泊东山[2]，睹师徒[3]，观旌帆，赫哉盛矣。虽孝武盛唐之狩[4]，舳舻千里，殆不过也[5]。乃作斯赋，复命王粲同作。

溯淮水而南迈兮[6]，泛洪涛之湟波[7]。仰岩冈之崇阻兮，经东山之曲阿[8]。浮飞舟之万艘兮，建千将之铦戈[9]。扬云旗之缤纷兮，聆榜人之欢哗[10]。乃撞金钟，爰伐雷鼓[11]。白旄冲天，黄钺扈扈[12]。武将奋发，骁骑赫怒。于是，惊风泛，涌波骇，众帆张，群棹起。争先逐进，莫适相待[13]。

作者简介

曹丕（187—226），字子桓，三国时魏国开国皇帝，即魏文帝。

曹操次子。沛国谯（今安徽亳州）人。著名政治家、文学家和文学批评家。其《典论》对我国文学批评的发展颇有贡献。有《魏文帝集》传世。

[注释]

①予：同“余”，我。

②淮口：涡河进淮河的入口，又称涡口，在今怀远县老城东北部。东山：涂山。与荆山（西山）夹淮河对峙。

③师徒：指军队徒众。

④盛唐：山名，在安徽省安庆市境内。汉武帝元封五年（前106年）南行巡狩，至于盛唐。

⑤殆：大概。

⑥溯：逆流而上。

⑦湟波：大浪。

⑧曲阿：山陵拐曲之处。

⑨铦（xiān）：锋利。

⑩榜（bàng）人：船夫，舟子，摇船的人。

⑪金鼓：金鼓为军中用器，即四金和六鼓，四金指錞、镯、铙、铎。六鼓指雷鼓、灵鼓、路鼓、鼖鼓、鼛鼓、晋鼓。古代军队行军作战时离不开金鼓，命令军队行动与进攻就打鼓，即擂鼓而攻；而命令军队停止或退回就击钲，即鸣金收兵。金鼓即代表行军与战斗的信号。

⑫扈扈：广而大或光彩鲜明。钺：古代青铜兵器，斧形圆刃或平刃，安装木柄，用以砍斫，盛行于商周。黄钺：以黄金为饰的斧，为古代帝王所专用，或帝王特赐给主征伐的重臣。

⑬莫适：匹敌，不分上下。相待：对峙，互相较劲。

浮淮赋

王　粲

从王师以南征兮，浮淮水而遐逝[1]。背涡浦之曲流兮，望马邱之高澨[2]。泛洪櫓于中潮兮，飞轻舟乎滨济[3]。建众樯以成林兮，譬无山之树艺[4]。于是，迅风兴涛[5]，钲鼓若雷[6]。旍旄翳日[7]，飞云天回。若苍鹰飘逸，递相兢轶[8]。飞惊波以高骛[9]，驰骇浪而赴质[10]。嘉舟徒之巧极，美榜人之闲疾[11]。白日未移，前驱已届。群师按部，左右就队。舳舻千里，名卒亿计。运兹威以赫怒，清海隅之蒂芥[12]。济元勋于一举，垂休绩乎来裔[13]。

作者简介

王粲（177—217），东汉末年文学家。字仲宣。山阳高平（今山东邹县）人。初依刘表，后为曹操幕僚，官侍中。“建安七子”之一。与曹植并称“曹王”。《七哀诗》中“出门无所见，白骨蔽平原；路有饥夫人，抱子弃草丛”，描写了乱世人民的痛苦，为后世传诵。有《王侍中集》传世。

[注释]

①遐逝：远去。

②马邱：汉时马邱聚，属当涂县，亦名马邱城，即今马头城。澨（shì）：水滨。涂山紧靠淮滨。

③济：渡。

④树艺：种植栽培。

⑤兴涛：兴，起也；涛，大浪。

⑥钲鼓：古代军中的两种乐器。鼓为战鼓。钲为金钲，形似钟而无舌，有长柄，用时口朝上，以锤敲击。

⑦翳（yì）：遮蔽。

⑧轶（yì）：超过、超越。

⑨鹜（wù）：野鸭。取其能高飞意。

⑩赴质：像出弦的箭一样奔向目标。质：箭靶。

⑪闲疾：熟练而快速，指飞快地摇橹前进。

⑫蒂芥：形容轻而微小。

⑬休绩：美好的业绩。来裔：将要达到的边远地方。

夏　禹

曹　植

吁嗟夫子，拯世济民。
克卑宫室，致孝鬼神。
蔬食薄服，绂冕乃新。
厥德不回，其诚可亲。
亹亹其德[①]，温温其仁。
尼称无间[②]，何德之纯。

作者简介

曹植（192—232），字子建，沛国谯（今安徽省亳州）人，曹操子，三国曹魏著名文学家，建安文学代表人物之一。代表作《洛神赋》《白马篇》等。后人因其文学上造诣而将他与曹操、曹丕合称“三曹”，作品收入《曹子建集》。

[注释]

①亹亹（wěiwěi）：勤勉不倦貌。

②尼称无间（jiàn）：尼古同“昵”，意为相近、亲近。无间：亲密无间。《论语》：子曰：“禹，吾无间然矣。”

禹治水赞

曹 植

嗟夫夏禹，实劳水功。
西凿龙门，疏河导江。
梁岐既辟，九州以同。
天锡玄圭，奄有万邦。

禹 妻 颂

曹 植

禹娶涂山，土功是急；
闻启之生，过门不入。
女娇达义，明熏是执；
成长圣嗣，天禄以袭。

启母涂山颂

王　氏

涂山静居①，元郎悟儿②。
大禹至公③，过门不归。
明此道训，孩允是绥④。
仁哲以成⑤，永系天晖⑥。

作者简介

王氏，生卒不详，晋代刘柔之妻。

[注释]

①意谓涂山氏女在大禹外出治水时，静心地居住在家中。

②元朗悟儿：通达事理，深明大义。

③至公：大公无私。

④此二句说：启母理解大禹公而忘私、不进家门的心情，并教育儿子启秉承其父的美德。

⑤仁哲：指启母仁爱贤明。

⑥指启母的美德同大禹一样与日月同辉。

涂　山

胡　曾

大禹涂山御座开①，诸侯玉帛走如雷②。

防风漫有专车骨[3]，何事兹晨最后来[4]！

作者简介

胡曾，生卒不详，唐代诗人，邵阳（今属湖南）人。咸通年举进士不第，喜游历，足迹四方，曾为汉南从事。著有《安定集》《咏史诗》。

[注释]

①御座：皇帝的宝座。

②玉帛：玉，美玉。帛，精美的丝织品。走如雷：指诸侯所乘车马，奔驰之声如雷。

③防风：古部落酋长名。专车骨：巨大的骨头（防风的尸骨）要专用车来拉。《国语·鲁语下》载孔子语："防风氏后至，杀而戮之，其骨节专车。"

④兹晨：今天。兹，通"此"。该句大意为：防风氏纵然有巨大的躯体，专车的骨节，但你为何今天迟到而惹下杀身之祸呢？

过荆涂二山遇暗石

梅尧臣

淮流两山间，势束秋涨急[1]。
聚石如伏兵，嶙嶙波下立。
轻舟不可防，而况昧所习[2]。
暗值柁已毁[3]，后者戒前及。
同发去渐遥，更愁寒滩涩。

作者简介

梅尧臣（1002—1060），字圣俞，安徽宣城人，北宋著名诗人。中年后赐同进士出身，授国子监直讲，官至尚书都官员外郎。在北宋诗文革新运动中，梅与欧阳修、苏舜钦齐名，并称梅欧或苏梅。诗风平淡含蓄，语言朴实自然，形象清晰新颖。梅尧臣舟经淮河、涡河，多次参访涂山，留有《涂山》《启母石》《涡口》《过荆涂二山遇暗石》等诗篇。

[注释]

①势束：地势狭隘，秋水被阻，宣泄不畅，因而水流湍急。

②昧所习：不了解，不熟悉。

③暗值：不知不觉中碰到礁石，“柁”同“舵”。

启母石①

梅尧臣

旷哉嵩石阳②，神怪所栖宅。
苍石不知年，灵熊去无迹。
烟岩想桂宫，苔壁疑椒掖③。
不学舜娥悲④，潇湘竹枝碧。

[注释]

①启母石：涂山人像石。传说涂山氏女盼夫归来，站立山崖，久而久之，漫化成石。因涂山氏女为启母，故称“启母石”。

②石阳：山南面。

③椒掖：椒：椒房；掖：掖庭。指后妃所居的宫室。意为启母石旁长满青苔的石壁作为掖庭、椒房。

④古代神话谓舜南巡不返，葬于苍梧。娥皇、女英思帝不已，泪下沾竹，竹悉成斑，称“斑竹”或“湘妃竹”。而启母理解大禹在外治水，为民造福。以此赞美涂山氏女高尚的境界。

涂　山

梅尧臣

古传神禹迹①，今见旧山阿②。
莫问辛壬娶③，从来甲子多。
夜淮低激射；朝岭上嵯峨。
荒庙立泥骨，岩头风雨过。

[注释]

①神禹迹：指大禹凿山导淮的遗迹，即荆山峡，又名断梅谷。《图经》云：“荆涂二山，本相连属，禹凿为二，以通淮流。”

②山阿：山岳。

③辛壬娶：指大禹的婚娶之期。《尚书·益稷》：“禹曰：‘予娶于涂山，辛壬癸甲……’”

上巳日与二子迨过游涂山荆山记所见[1]

苏　轼

此生终安归，旋轸天下半[2]。

自注：昔自河南赴杭州过此，盖二十年矣。

朅来乘樏庙[3]，复作微禹叹[4]。

从祠及彼呱[5]，象设偶此粲[6]。

自注：山有启庙，谓涂山氏。

秦祖当侑坐[7]，夏郊亦荐祼[8]。

自注：庙有此翳，有鲧庙。

可怜淮海人，尚记弧矢旦[9]。

自注：淮南人谓禹以六月六日出生，是日，数万人会山上，虽传记不载，然相传如此。

荆山碧相照，楚水清可乱。

刖人有余坑[10]，美石肖温瓒[11]。

自注：荆山下有卞氏采玉坑，石色如玉，不受镌刻。取出山下，辄变色不复温莹。

龟泉木杪出[12]，牛乳石池漫。

自注：龟泉在荆山下色白而甘，真陆羽所谓石池漫流者。有石记云：唐贞元中随白龟流出。

小儿强好古[13]，侍史笑流汗[14]。

归时蝙蝠飞，炬火记远岸。

作者简介

苏轼（1037—1101），字子瞻，号东坡居士，北宋嘉祐进士，眉州眉山（四川眉山）人，著名文人，“唐宋八大家”之一。其诗、词、赋、散文成就极高，且善书法和绘画。苏轼仕途艰辛，命运多舛，屡遭贬官。在杭、颍、扬等州任上，多次路过濠州涂山（今蚌埠涂山）。该诗为元祐七年（1092年），苏轼舟泊涡口，游涂山荆山所作。

[注释]

①迨、过：即苏迨、苏过。苏轼的两个儿子。

②轸：车厢底下的横木，此处代指车子。

③朅（qiè）来：朅古通“曷”，何。朅来，犹言来、归来，来到。樏（léi）：登山的用具。相当于木制的肩舆。

④微禹叹：《左传·昭公元年》记载刘定公赞叹大禹的话。微禹：没有大禹。

⑤从祠：随着大禹受到祭祀。彼呱：指大禹的儿子启。《尚书·益稷》：“禹曰：‘启呱呱而泣，子弗……’”故诗人以“彼呱”代指启。

⑥象设偶此粲：此句是说大禹像旁边配受祭祀的有他美丽的妻子涂山氏女。象，作者自注：谓涂山氏。偶：配偶。此粲：这样美丽的女子。

⑦秦祖：秦朝嬴姓的祖先伯益。伯益佐助大禹治水，故在庙中也有他一席之地。侑（yòu）坐：陪侍，陪坐。

⑧夏郊：指夏代对其祖先鲧的祭祀，是为郊祀。祼（guàn）：古代酌酒灌地的祭礼。

⑨淮海人：涂山地古属徐、扬二州，故诗人称当地民众为“淮

海人”。弧矢旦：孤矢为古星名，又名天弓。《礼记·内则》：“国君世子生……以桑弧蓬矢六射天地四方。”旦：本意为早晨，该处指诞辰。强调说大禹的诞辰尚被后人记忆着。

⑩刖（yuè）：断足。古代的一种酷刑。卞和献璞曾遭此刑。余坑：取玉璞后留下的坑。

⑪肖：类似。温瓒：温润的玉石。

⑫龟泉：白乳泉原名白龟泉，泉畔有石记云：唐贞元年间，泉内曾流出白龟。泉在荆山北麓，为著名风景区。木杪：树梢。

⑬好古：喜爱游赏名胜古迹。

⑭侍史：古时侍奉左右，掌管文书的人，意为侍从人员。

涂　山①

苏　轼

川锁支祁水尚浑②，地埋汪罔骨应存③。
樵苏已入黄熊庙④，乌鹊犹朝禹会村⑤。

[注释]

①涂山坐落在蚌埠市西郊的淮河岸边，与怀远荆山夹淮对峙，为大禹治水会诸侯和夏王朝兴起之地，中华民族历史文化名山。西汉时期，涂山之巅即建有禹王庙。苏轼在该诗标题下自注“下有鲧庙，山前有禹会村”。

②支祁：亦名无支祁。传说是淮河、涡河中的水怪。被大禹镇锁龟山下。

③汪罔：即防风氏。被禹戮后，葬于涂山西南曹洲湾。

④黄熊（nǎi）庙：即鲧庙，在涂山西麓。《左传》：“昔尧殛鲧于羽山，其神化为黄熊（三足鳖），以入于羽渊。”

⑤乌鹊：乌鸦、喜鹊，此处泛指鸟类。犹朝：还来朝拜。

登涂山

苏　辙

娶妇山中不肯留，会朝山下万诸侯。
古人辛苦今谁信，只见清淮入海流。

作者简介

苏辙（1039—1112），字子由，苏轼之弟。“唐宋八大家”之一。与其兄苏轼同登进士，同朝为官，因反对王安石变法，贬为河南推官。宋哲宗时召回任秘书省校书郎。宋元祐元年任右司谏，继而任御史中丞、尚书右丞、门下侍郎等。因不顺从皇帝宋哲宗及元丰诸大臣，又被贬出知汝州、再谪贬雷州安置，又移至循州。宋徽宗时，流徙永州、岳州，接下来任太中大夫，又降居许州。最终退至颍州养老。明《中都志》卷八《题咏》，在收录苏轼知颍州诗文的同时，也收录了苏辙与苏轼唱和的《登涂山》。苏辙有《栾城集》《诗集传》等著作传世。

涂　　山

黄庭坚

涂山绝顶忆神功，亘古情形一览中①。
启母石迎新月白②，防风冢映夕阳红。
洪流匝地曾拘兽③，老树参天欲化龙④。
有径直通霄汉外，登临无不是仙踪。

作者简介

黄庭坚（1045—1105），字鲁直，号山谷道人。洪州分宁（今江西修水）人，北宋著名文学家、书法家，与苏轼齐名。书法纵横奇崛，自成一家。著有《山谷集》。

[注释]

①亘古：整个古代，终古，意为从古到今。

②启母石：位于涂山南麓，俗称望夫石、石婆婆。相传为涂山氏女盼禹归来，漫化而成。

③拘兽：指大禹镇锁水怪无支祁之事。

④老树：银杏树，相传为大禹会诸侯时所植。

夏　禹

王十朋

洪流浩浩浸寰区，民杂蛇龙鸟兽居。
长叹当时微帝力，苍生今日尽为鱼[①]。

作者简介

王十朋（1112—1171），温州乐清人，字龟龄，号梅溪。南宋著名政治家、诗人，爱国名臣。绍兴二十七年中状元。历知饶、夔、湖、泉等州，后以龙图阁学士致仕。著有《梅溪集》等。

[注释]

①“微帝力”及下句源出《左传·昭公元年》：“美哉禹功！明德远矣。微禹，吾其鱼乎！”微，即无，谓之如没有大禹治水，则人都将成鱼。

题石榴[①]

朱　熹

五月榴花照眼明，枝间时见子初成。
可怜此地无车马，颠倒苍苔落绛英[②]。

作者简介

朱熹（1130—1200），字元晦，号晦庵，徽州婺源(今属江西)人。南宋理学家、思想家、哲学家、教育家、诗人，理学集大成者。

学识渊博，对经学、史学、文学、乐律乃至自然科学均有研究。著有《四书章句集注》《楚辞集注》《诗集传》等。

[注释]

①涂山、荆山为怀远石榴产地，汉代已有石榴栽植，唐代禹王宫道长李慎羽又从长安引进石榴新品种，植于涂山象岭。朱熹的《题石榴》诗，源自《怀远古诗选》。

②苍苔：青色的苔藓。绛英：红花。

涂山操①

严丹邱

天苍苍，河水黄。河流泱，大野茫。
伯鲧治水，九年无功。
四海赤子，化为鱼龙②。
鲧殛死③，尧震怒。乃命禹，平水土。
水土平，禹功成，魑魅奔走人安宁。
平地栽桑麻，山头种谷麦。
赤骥腾枥，黄牛上軛。
诸侯会同三千国。
嗟尔防风，后至奚为④？
悠然涂山，今昔皆悲。

作者简介

严丹邱，生卒不详，南宋末年诗论家、诗人。名严羽，字仪卿、丹邱。邵武（今福建邵武）人，号沧浪逋客，著有《沧浪集》《沧浪诗话》。名重于世，被誉为宋、元、明、清四朝诗话第一人。

[注释]

①操：琴曲的一种。如《猗兰操》。应劭《风俗通义·声音》载："其遇闭塞忧愁而作者，命其曲名操。"

②化为鱼龙：此句意谓四海百姓都被水淹死，化为鱼龙。

③鲧殛死：鲧因多年治水无功，造成危害，被诛戮而死。

④后至奚为：此句意谓防风被斩杀令人嗟叹，可是你防风又为何后至呢？

题涂山

李　鉴

寒透轻罗入小轩[①]，巡行怀远暂停辕[②]。
荆山围绕无城廓，淮水弥漫到县门[③]。
万国会时瞻日月[④]，九区平后奠乾坤[⑤]。
悬知遗爱传人口[⑥]，十里河边号禹村[⑦]。

作者简介

李鉴，生卒年不详。明代任城人。官监察御史。

[注释]

①轻罗：轻软而薄的丝织品。唐人杜牧有"轻罗小扇扑流萤"诗句。轩：窗户。该句意为秋初天气，凉意乍透轻罗帷幔而入于轩窗之内。

②暂停辕：暂停御史的车驾。

③县门：县衙之门。

④日月：代指大禹。

⑤九区：指九州。奠乾坤：祭祀天地。

⑥悬知：犹早知。遗爱：遗留德泽。

⑦禹村：即禹会村，坐落涂山南约十里的淮河东岸。

涂　　山

李先芳

淮流浩无极，涂山迥自存。
扪萝寻禹穴[①]，蹑石上云根[②]。
古殿碑无字，寒流凿有痕。
涧毛如可见[③]，吾欲采芳荪[④]。

作者简介

李先芳（1510—1594），字伯承，号北山，监利（今湖北监利）人。明嘉靖二十六年进士，官尚宝司少卿。有《东岱山房稿》《李先芳杂纂》等传世。

[注释]

①扪萝：攀附藤蔓。禹穴：禹死后的葬所。或说是大禹治水时，获得《黄帝水经》的山洞。

②蹑石：踩踏石径。云根：深山云起处。古人以为云触石而生，故常称山上的巨石为云根，此处指山顶。

③涧毛：涧溪沼沚之毛，即溪涧中野生草木。荐：奉献，祭奠。

④芳荪：一种香草。

九日登山

张惟恕

泉光细润玻璃碧[1]，榴子新披玛瑙红[2]。
落日半山弦管发，百年此会信难逢[3]。

作者简介

张惟恕，生卒不详，明上蔡（今河南上蔡）人。正德十六年进士，官至巡按御史。嘉靖年间，奉旨南巡，路过怀远，朝觐涂山禹庙，留有《九日登山》《九日登涂山》《登高四望歌》等诗篇。

[注释]

①泉光：泉水在阳光照射下闪烁的光。意为清澈晶莹的泉水如同碧色的玻璃。

②披：开，打开。玛瑙红：涂山怀远石榴中的品种，名红玛瑙。

③信：实在，确实。

九日登涂山（四首）

张惟恕

一

名山聊驻节[1]，九日试攀跻[2]。
花气千寻绕，云阴四望低。
金梧黄叶下，银杏翠烟迷。
胜地逢佳节，高怀费品题[3]。

[注释]

①驻节：停留。

②攀跻：攀登。

③品题：品评，题咏。

二

高山瞻圣禹，治水亦应劳。
四日辞贤配[1]，千秋奠我曹[2]。
扪藤寻菲食[3]，采菊荐香醪[4]。
坐久尘嚣隔，凭虚欲放豪[5]。

[注释]

①贤配：贤德的配偶。指涂山氏女。

②奠：安定。我曹：我辈。

③菲食：粗劣的饮食。这里指大禹治水菲食薄饮、恶衣敝室。《论语·泰伯》："子曰：禹，吾无间然矣。菲饮食而致孝乎鬼神，恶衣服而致美乎黻冕，卑宫室而尽力乎沟洫。"

④荐：进献，祭献。香醪：美酒。意为用时新之物祭奠。

⑤凭虚：犹凌空。欲豪放：想抒发胸中的豪情。

三

骢马停怀远[1]，登高欲望家。
一秋游海国[2]，十载记京华[3]。
淮水传桑酒[4]，涂山看菊花。
重阳逢圣迹[5]，慷慨笑天涯。

[注释]

①骢马：青白色马，即菊花青，借指御史的车驾。

②海国：《尚书·禹贡》“海、岱及淮惟徐州”“淮、海惟扬州”。都有“海”。作者奉旨由北南巡，历经徐扬二州，故曰“一秋游海国”。

③京华：京都。

④桑酒：用桑葚酿造的酒。

⑤圣迹：大禹的遗迹。

四

龙乡登眺处①，直北忆长安。
红叶霜先老，黄花露未残；
高峰多胜概②，卑室尚余寒。
独立孤云外，风高欲正冠③。

[注释]

①龙乡：指凤阳府，明太祖朱洪武的家乡。

②胜概：美好的风景。

③正冠：扶正帽子。

登高四望歌(四首)

张惟恕

一

登高莫上涂山巅，山巅东望有寒烟。
寒烟散尽寒风起，吹落秋英谁与怜[①]。

二

登高莫上涂山头，山头西望有渔舟。
渔舟遥唱渔歌走，惹得游人动晚愁。

三

登高莫上涂山眉，山眉南望有人饥[②]。
饥人哭唤饥人走，乡井坟园那愿离。

四

登高莫上涂山仑，山仑北望有荒村。
荒村叶落荒郊里，饥犬寥寥不忍狺[③]。

[注释]

①秋英：秋天的花。

②眉：山顶。

③狺（yín）：狗叫声。

登山漫兴和卢冈韵（三首）

杨 瞻

行台初病起[①]，乘兴便登跻。
翠盖逼岩近，篮舆入树低[②]。
涂山晴日爽，涡水暮云迷。
四望无涯景，新诗次第题[③]。

二

衔命之南国，一年不到家。
怜人眼独白[④]，阅我鬓双华。
登岭拂云树，沿山采野花。
故乡何处是，寥落隔天涯。

三

登山寻古迹，安步岂云劳。
治水瞻神禹，平成遗我曹[⑤]。
石母千年象[⑥]，河流三奠醪[⑦]。
归来多感慨，搁笔愧诗豪。

作者简介

杨瞻（1491—1555），字叔后，号舜原，山西蒲州人，进士出身。明嘉靖年为御史，奉使南巡，驻节怀远，整肃军纪，革除弊端，有德于民。邑人曾在怀远荆山顶建杨公祠，纪念杨瞻。荆山名胜

"凤凰池"为杨瞻所题。

[注释]

①行台：巡按御史外出时的驻地或办事处所亦称行台。此处是作者自谓。

②篮舆：竹制的小轿。

③次第：指依次，按照顺序，一个接一个地。

④眼独白：阮籍恃才傲物，平时皆以白眼看人，惟对他器重的人物，方以青眼视之。

⑤平成：地平天成。谓大禹治水成功。遗（wèi）：留，赠。

⑥石母：启母石。

⑦三奠醪：三次酹酒祭奠。

谒夏禹祠

杨　瞻

云绕涂山晓色浓，千年老树肖盘龙①。
涧流石母生苔绿，玉产仙岩映日红②。
山顶寒鸦巢禹穴，林间落叶舞西风。
万方洪水归沧海，永赖当年疏凿功。

[注释]

①肖（xiào）：像，相似。

②玉产仙岩：即"产玉仙岩"，指抱璞岩。

题涂山

许　铠

亭亭古柏傍层崖，一曲波流绕碧淮。
怪石频登恒倦足，老藤攀曳漫舒怀。
来朝玉帛同时会，辟阖乾坤孰与偕[1]?
行到上头浑不倦，草茵花褥踏青鞋[2]。

作者简介

许铠，生卒不详，明代武陵人（今湖南常德）人。嘉靖年间曾任怀远县儒学训导。

[注释]

①辟阖乾坤：犹天地开合。孰与偕：谁能与之媲美、匹配。意为开天辟地以来，谁能与大禹相比。

②草茵花褥：芳草如茵，繁花似褥。踏青：古代习俗，阳春三月，仕女相邀至郊外游春，谓踏青。

题涂山（二首）

艾时用

浮云敛尽见层崖，金殿辉煌枕碧淮。
圣母自伤追往事，启贤相继岂私怀!
参天老柏亭亭立，傍水浮凫日日偕。

去去上头浑不倦，狂歌谁惜敝芒鞋①!

二

花外风轻天宇静，小车行处白云跻②。
水鸣石窦泉香细，鹤唳风林鸟韵低。
山色半辉知玉蕴③，日光一吐破途迷。
眼前不尽诗家料，敢向山灵惜品题④。

作者简介

艾时用，生卒不祥，明代云南通海选贡，嘉靖年间任怀远县儒学训导。

[注释]

①敝：破旧。芒鞋：草鞋。

②白云跻：在白云中攀登。

③知玉蕴：知道山中藏着美玉。

④山灵：山神。

题涂山

张　彦

禹王庙立插天空，治水功成万古崇。
风拂宝炉腾瑞气①，月明台殿净微蒙。
鼓声迴出光华表，帝座遥瞻秀色中②。
此日公余曾礼拜，恍然身在大明宫③。

作者简介

张彦，生卒不祥，明代人，官河南佥事。

[注释]

①宝炉：禹庙中的铜香炉，代指炉中香烟。

②帝座：禹王的宝座。

③大明宫：唐代宫殿之名，帝王早朝之所。

登涂山

杨　浩

大驾当年幸①，而今庙祀兴②。
水声东去迴，山势北来青。
圣德同天地，神功贯日星。
小臣叨拜舞③，千古仰英灵。

作者简介

杨浩，生卒不祥，明代江陵人。曾任凤阳府知府。

[注释]

①大驾：指禹王。

②庙祀：立庙祭祀。兴：隆盛。

③小臣：作者自谦自谓。叨（tāo）拜舞：感戴大禹之德而舞蹈礼拜。

题启母石

张士隆

亭亭独立向江滨，四伴无人石作邻。
云鬓挽成千载髻，蛾眉淡扫四时春。
霜为腻粉凭风傅①，霞作胭脂仗日匀。
莫道岩前无宝境，一轮明月照精神。

作者简介

张士隆（1475—1525），字仲修，号西渠，河南安阳人。明弘治进士，历任广平推官、都察院监察御史、凤阳织造、汉中守备副使等职。明正德年间登涂山朝禹庙，留有《题启母石》诗。

[注释]

①傅：同“敷”，涂，擦。

拜禹王

吴期英

石磴崔嵬倚碧空①，最高峰顶禹王宫。
乾坤此地千年旧，玉帛当年万国同。
登眺有缘人自北，怀襄无恙水流东②。
不因大却江湖眼，蠡测何由识圣功③。

作者简介

吴期英，南溪（今四川永宁）人，明正德进士，官礼部员外郎。

[注释]

①崔嵬（wéi）:高竣貌。指涂山登山的石台阶非常陡峭，犹如挂在青天之上。

②怀襄：怀山襄陵。该句“怀襄无恙”，意为洪水不再泛滥，淮水安然东流。

③蠡测：以蠡测海。蠡：是贝壳做的瓢。用瓢去测量海水，喻人目光短浅。圣功：大禹治水之功。

舟过涂山谒夏后庙有述[①]

赵炯然

涂山千古临淮水，禹殿嵯峨天际留。
望见翠华岩树老[②]，思逢瑶牒海云浮[③]。
八年风雨归残碣[④]，越代龙蛇守故湫[⑤]。
为向山头长鹤立[⑥]，夕阳何处泊孤舟。

作者简介

赵炯然，明代人，生平籍贯不详。

[注释]

①夏后庙：涂山禹庙。

②翠华：皇帝仪仗中用翠鸟羽毛制作装饰的旗帜。

③瑶牒：对他人书信的美称。牒，文书或证件。

④八年：大禹在外治水，八年始归。或说十三年始归。

⑤越代：经历了许多朝代。湫（qiū）：水潭。

⑥鹤立：如鹤提脚延颈而立。翘首企望的样子。

涂山景（四首）

经仁恒

淮心夜月

一轮清浸一川盈[①]，澄澈波心万古明。

月色水光浑足爱，谁能吟啸继袁宏[②]。

作者简介

经仁恒，广西全州人，生卒不详。明万历十三年知怀远。嘉庆《怀远县志》载其“为官清谨宽厚，士民安之，立祠宇荆山”。

[注释]

①清浸：明月在天朗气清时沉浸在涂山脚下的淮水中。

②吟啸：吟咏、歌啸的意思。袁宏：东晋文学家、史学家，字彦伯，小字虎，阳夏（今河南太康）人。著《后汉纪》《竹林名士传》《东征赋》《三国名臣颂》等书，长于诗赋。

洪口归舟[①]

舴艋洪涛一叶舟[②]，回看天际下中流[③]。

海翁元是忘机侣[④]，到处无惊狎野鸥[⑤]。

[注释]

①洪口：指上下洪夹山口。

②舴艋：小船。

③天际：指淮河像从天边流来。

④海翁：浪迹四方的人。这里比喻自己游宦四方。元：与“原”通。忘机：自甘淡泊与世无争。侣：结为同伴的意思。

⑤狎（xiá）：亲近而态度不庄重。

东峰银杏[①]

郁苍老干几经霜，吸露餐风味备尝。
首向孔坛饶化雨[②]，培成良栋佐明王[③]。

[注释]

①东峰银杏：指涂山禹王宫白果树。

②孔坛：指孔庙大成殿前的杏坛，为孔子讲学论道的地方。这里指涂山银杏耸立在禹王宫，与淮西的孔庙杏坛相对。饶：富足，多。化雨：指受孔子学说的教化如在春风化雨之中。

③栋：房屋的大梁。比喻能担负国家重任的人。佐：辅助。明王：英明的帝王。

文峰夕照

踞阜依岩淮水滨[①]，天然清旷绝无尘。
中原罗网无遗杰，不说当年赋硕人[②]。

[注释]

①阜：土山、高山。如山如阜。指文笔峰坐落濒临淮河的小涂山顶。

②赋：贡士。硕人：有才德的饱学之士，或指隐士。

涂山赋

邵元贞

缅彼涂山，聿稽夏禹。勤劳八年，平城万古。作庙兮穆清神，皇皇兮降灵奉。明禋兮有常洁，蘋藻兮荐馨盘。磴道而跻峻极兮，濯神泉于中庭。乔柯振辣以合沓兮，羌造天而混青。瞻帝座而再拜兮，想桐柏之未疏。冈陵蹙以壅阏兮，横流肆其焉如。孰畇畇之原隰兮，信微帝吾其鱼。升崇颠而下望兮，忽恍恍以长叹。渺洪波之四合兮，汩乎若泛沧海。登神山驰湍流之赤黄兮，滂洋洋其非故。曰揵畚之不戒兮，夺睢汴以南骛。既喷扬而直走兮，狭沙汭而弗容。迫山麓以右旋兮，与长淮乎击冲。冰夷离其常流兮，百谷效而争雄。淠颍勃跳于上游兮，潼沱交讧于下风。洛涧回而自荡兮，夷濮张而不收。顾濠梁之咫尺兮，庄惠之旧游。增欷歔予悒郁兮，汩吾与蛙黾同渚。旷百里而一浸兮，指田庐其无所。溯归墟于洪泽兮，日湮郁以成坻。念正道其日驰兮，顾鬟剔之安施。恐垫溺无已时兮，曷以蕃此庶草。亮天道之昧昧兮，遇尧年之九潦。乱曰：天一失维，遘斯屯兮。下土告哀，帝斯闻兮。洒沉澹灾，迹成勤兮。降我康食，永丰年兮。

作者简介

邵元贞，字丽中，清怀远人，学识渊博，文章出众，参加乡试，屡荐未中。因侍养病母，遂放弃科举。乾隆二十一年大饥，邑人乏食，饿殍遍野。邵元贞与同乡汤念祖、贺友谅等施粥、平粜，救活无数灾民。清（嘉庆）《怀远县志·耆旧传》载：县令黄公文赠联赞其：“论交无出平原右，尚义应推文正先。”

禹　庙

洪亮吉

禹都安邑今有墟[1]，亦越五载来省徐[2]。
南巡重瞳兆权舆[3]，衡岳阔远非人居[4]。
涂山作国淮所潴[5]，会水为澳戴石岨[6]。
乾坤赫焉集衣裾[7]，帛熏黄元玉番玙[8]。
四岳九牧行衙衙[9]，我稽职方及州闾[10]。
九千六百数已余[11]，要荒易爽感化湑[12]。
亦职玉帛同趑趄[13]，来同翩翩合万旟[14]。
煜若朝日辉琼琚[15]，明德远矣众所忌[16]。
夏小正刊月后余[17]，实集万国太史书[18]。
予嘉乃功有奖誉，享以蕨卫以周庐[19]。
谁何牧竖矜智湑[20]，掘强沟壑同蠡蚃[21]。
终洿其邦作厉虚[22]，汪芒大人迹迂俱[23]。
天轩地阖行不蘧[24]，帝资其血成川渠[25]。
崇崇者陵骨难舁[26]，尼山读书乐只且[27]。
千年能详骨专车[28]，博物讵止知夔魖[29]。
峨峨鼎成谁敢举[30]，惶惑百姓行人吩[31]。
夷坚志之亦欷歔[32]，白日屏息冀子梦[33]。
侈哉黄熊三足拿，好事河伯烦吹嘘。

稍耻刻画来鲸呿[34]，男丁女壬生克徐[35]。
颓然空山梦其初，一首九尾劳卷舒[36]。
服妖德圣颜则好[37]，留之三日非踌躇[38]。
呱呱者生实国储[39]，狐鸣涉波牵子袪[40]。
后此一纪能归予[41]，白鱼身长倩忬忬[42]。
伛纡而前若蘧篨[43]，画界白壁夜揭猪[44]。
三来阚家俗都祛[45]，太室即立神人胥[46]。
民颠于巢下则渔[47]，予口卒瘏手拮据[48]。
熺熺赫赫天地炉[49]，十日照夜枯栎槠[50]。
滔滔者流其涸诸[51]，鳌输其首难始纾。
龙轩其颏不足屠[52]，神知逃诛值孟涂[53]。
女娲华星缀衣袽[54]，束缚乌脚羁蟾蜍[55]。
佐子木德相诛鉏[56]，淮流汤汤水淀淤[57]。
台弃猥积而崎嶇[58]，丰年厥惟黍与稌[59]。
登高旷瞻怀古摅[60]，大水作渎小水沮[61]。
快如挈瓶注泥洳[62]，酬功欲陈水土苴[63]。
大哉，非禹吾其鱼[64]！

作者简介

洪亮吉（1746—1809），字君直，一字稚存，号北江。清经学家、文学家。籍贯安徽歙县，生于江苏阳湖(今常州)。乾隆进士，授编修。嘉庆时批评朝政，免死遣戍伊犁。不久赦还，改号更生居士。有《春秋左传诂》《北江诗话》《更生斋诗文集》等传世。

[注释]

①安邑：今山西夏县，相传夏禹建都于此。一说是今河南省安

阳市。

②越五载：过了五年。省：巡视。徐：徐州。

③重瞳：相传舜的一个眼中有两个瞳孔，故曰重瞳。兆：开始。权舆：草木萌芽之状，用以喻事物的发端。意为帝舜南巡苍梧的事开了后代帝王按制巡狩之先河。

④衡岳：衡山，五岳中的南岳。阔远：遥远。意为帝舜南巡苍梧的事，开了后代帝王按制巡狩的先河。

⑤涂山作国：以涂山作为涂山氏国的称号。涂山氏国是古代诸侯国。淮所潴：淮水所停聚的地方。

⑥会水：涡淮二水交会。戴石岨：土中有石的山。《尔雅·释山》：“土戴石为岨。”此处指淮水、涡水环绕中的荆山、涂山。

⑦赫：宣赫。集衣裾：诸侯们穿戴不同的衣冠，会集在涂山朝拜大禹。

⑧纁（xūn）黄元：三种颜色，浅红、黄和黑。璠玙（fányú）：两种美玉。描写诸侯朝会时所持的玉帛。

⑨四岳：尧舜时辅政的官员。九牧：九州的地方首领。衙衙（yúyú）：行走貌。

⑩稽：巡视检查。职方：官名，掌天下地图，主四方职贡。

⑪九千六百：谓天下州闾之多。

⑫要荒：要服，荒服，古称离王城外极远的地方。湑（xǔ），滤酒使清。感化湑，用感化教育的办法，使尚未开化的蛮荒之民开化。

⑬职：贡献。趑趄：且前且却之貌。

⑭旟（yú）：古代的一种旗子。

⑮煜（yù）：照耀，明亮的样子。琼琚：美玉。

⑯明德：美德。忬（yá）：行步安舒，盖由恭敬而得安舒也。

⑰夏小正：夏历，以“小正”为一月，亦称正月。刊：刊定(夏历)。月后余：闰月、平月分清，余数皆定。

⑱太史书：史官实录的历史书。

⑲蕨（jué）：中国夏代祭祀时盛牺牲的器具。《礼记·明堂位》：“夏后氏以蕨。”

⑳牧竖：牧奴，牧童。屈原《楚辞·天问》：“有扈牧竖，云何而逢？”

㉑掘强（jiàng）：倔强，强硬，执拗。鼍（wú）：大鱼。

㉒洿（wu）：挖掘。《札记·檀弓下》：“杀其人，坏其室，洿其宫而猪（潴）焉。”虚厉：词语解释，亦作“虚戾”。田舍荒废，人民灭绝。

㉓汪罔：即防风氏。迹迂俱：就是这样迂曲不正，朝会时迟到。

㉔遽（jù）：仓猝，窘迫。

㉕帝资其血成川渠：谓防风后至被斩事。

㉖舁（yú）：古指扛、抬。意为陵墓很高，难以将防风氏的尸体扛抬上去。

㉗尼山：即尼丘山，为孔子诞生地。且（jū）：文言助词，用在句末，与“啊”相似。

㉘千年能详骨专车：千年之后孔子能回答防风氏“骨节专车”的问题。

㉙讵止：岂知。夔魖（kuíxū）：夔，龙。魖，耗鬼。

㉚鼎成：大禹在荆山上铸鼎。《左传·宣公三年》：“昔夏之方有德也，远方图物，贡金九牧，铸鼎象物，百物而为之备，使民知神奸。”

㉛呩（yú）：笑。

㉜夷坚：古人名。

㉝好事：喜欢或喜庆事。烦：烦劳。吹嘘：宣扬。

㉞刻画：描摹。呿（qū）：张口。

㉟生克：五行说，“相生相克”的简称。

㊱一首九尾：大禹在涂山南麓遇见九尾白狐之事。

㊲服妖：服饰艳丽。颜则好（yú）：容颜娇美。

㊳留之三日：谓大禹婚后三日，辞别妻子外出治水。

㊴国储：未来继承皇位的人。

㊵狐鸣：传说涂山氏女为九尾白狐所化，故作者借此指代启母说话。涉波：涉水。袪：袖口。这是启母独立抚育启的描写。

㊶归予：指启将承继禹的事业。

㊷白鱼：《尸子》：“禹理水，观于河，见白面长人鱼身出，曰：‘吾河精也，授禹河图，而还于渊中’。”倩；美好。忬（yú）：恭敬安适貌。

㊸伛纡：躬身、弯腰。蘧蒢（qúchú）：比喻残疾不能仰视。本句写河神躬身仰首而前。

㊹画畀（bì）：白璧，河图画在白色的玉璧之上。揭橥（zhū）：标明，揭示。引伸为标志。

㊺瞯：看望。俗都袪：大禹三过家门而不入，没有按世俗去作。

㊻太室：大室，亦指太庙。胥：全，都。

㊼巅：凡顶部均可称巅，如树巅。巢：巢居，原始时代人无居室，栖宿树上，称巢居。《庄子·盗跖》：“古者禽兽多而人民少，于是民皆巢居以避之。”渔：渔猎，捕鱼打猎。

㊽予口卒瘏（tú）：《诗经·豳风·鸱鸮》：“予手拮据，予所捋荼，予所蓄租，予口卒瘏，曰予未有室家。”我的双手已疲劳，我还

筑巢衔茅草，我把草储聚，我嘴累得吃不消，可我的巢儿没修好。这是以鸟筑巢为喻，形容艰难、窘迫的生活状况。

㊾熺（xī）：放光。赫赫：显著盛大的样子。天地炉：天地间炽热得象个大火炉。《淮南子·本经训》："尧之时，十日并出，焦禾稼，杀草木，而民无所食。"当时毒蛇猛兽为害。

㊿十日照夜：十个太阳日夜照射。栎槠（lìzhū）：栎树和槠树。

51涸：干枯无水。

52"鳌输"及下句"龙轩"：海中鳌鱼的长脖子掉落在地上已无力抬起。龙昂起头大口喘息，不待人屠就要完结了。

53孟涂：人名。传为夏后之臣。《山海经·海内南经》曾记述孟涂善于断案，且有好生之德。

54华星：《淮南子·览冥训》记有女娲炼五色石补天的故事。这里意为五色石成为闪亮的星星。衣袽本意是破衣絮。本句意为，女娲炼五色石并将其缀在衣袽上以堵塞天漏。

55乌脚：太阳的脚。太阳又名金乌。相传，日中有三足乌，故名也。蟾蜍：月亮。本句意为女娲束缚住太阳和月亮，让他们各自按规律运行。

56木德：古代有金木水火土相生相胜的五行之说，为帝王受命之符。以木胜者为木德。《史记·封禅书》："夏得木德，青龙止于郊，草木畅茂。"

57淀淤：泥沙沉淀。意为淮河向东浩荡流去，在荆涂二山周边淤积出涂山氏国。

58猥积：堆积。《文选·晋左思〈魏都赋〉》记载："山阜猥积而崎岖。"

59黍与稌（tú）：谷子和稻子。厥：乃。惟：只有。

⑥⑩旷览：远望。怀古摅（shū）：抒发怀古之情。

⑥①渎（dú）：水道。《尔雅·释水》：“江、淮、河、济为四渎。”沮（jǔ）：低湿的沼泽，犹今日“湿地”。

⑥②挈（qiè）：悬持，提起。泥涧：古代传说中海水归宿之处。泥指百川之下，涧指水聚之处。

⑥③苴（jū）：大麻、浮草、枯草。水土苴：水滴土渣、枯草，这里比喻微不足道的祭品。

⑥④大哉：伟大啊，非禹吾其鱼。意为：美啊，大禹治水的功德，后世得到的恩泽太多了。如果没有大禹，恐怕我们都要成为鱼了。

古禹庙

万寿祺

禹踪开涂山，天形古庙间。
龙蛇隐复壁，碣出天全关。
今有香灯在，谁将文字还。
偶来阶下礼，耳畔水潺潺。

作者简介

万寿祺（1603—1652），字年少，又字介若、内景，祖籍河北沧州，生于江苏徐州。崇祯年举人，明末清初文学家、书画家。博览群书，多才多艺。参加抗清失败，于顺治初遁入佛门为僧，隐居江淮一带，潜心书画创作。代表作《秋江别思图》《松石图》《山水图》《沙门慧寿印谱》等，在书画界有一定声誉。

夜归自涂山下（二首）

沙　琛

一

长宵耐远路，跫然空谷音[1]。
残月上峰背，幽晖开涧阴。
隐隐长淮流，素波含烟深。
村巷闭寂阒[2]，萧萧残叶林。
霜露皓岩石，夜气空人心[3]。
何处击寒钟？　云水杳沉沉。

作者简介

沙琛，（1789—1822），字献如，号雪湖，又号点苍山人，云南省太和（今大理）人，清嘉庆六年由举人知怀远，嘉庆八年离任。清（嘉庆）《怀远县志·良吏传》载：十一年署霍邱，因断案有误，造成重大冤狱，欲发往军台服役。怀远、怀宁、建德、霍邱等地民众闻讯，皆呈巡抚保释。后经巡抚奏请朝廷恩准，免去“发往军台效力”处罚。

[注释]

①跫（qióng）：脚步声。

②寂阒（qù）：寂静无声。

③空人心：涤荡人心，沁人心脾。

二

唤渡月在林，登舟月在水。
两桨击玲珑，扑簌鸥声起。
霜浓水气清，滩石空林徙。
玉块光鳞鳞，微风烂锦绮。
柁转山影横，苍然两峰峙。
万籁寂不动，天宇净如玼[①]。
明发市城喧，争渡声聒耳[②]。

[注释]

①玼（cī）：玉的疵点。该处指玉的鲜明。“玼兮玼兮,其之翟也。”毛传:“玼，鲜盛貌。”该处谓天宇澄净如玉。

②聒耳：喧闹，嘈杂。

涂山禹庙

汤　璐

天柱分支远[①]，涂山拔地雄。
阴阳承阖辟[②]，云雨转空濛。
自昔怀明德，于今仰帝功。
随刊开草昧[③]，疏凿破鸿蒙[④]。
府事群熙集[⑤]，平成独亮工[⑥]。
象贤陪圣嗣[⑦]，后至戮防风[⑧]。
万国冠裳集，群灵警扈同[⑨]。
召神传碧简[⑩]，锁怪及蛟宫。

父老鸡豚献，春秋俎豆崇⑪。

尚留封树在⑫，银杏郁葱葱。

作者简介

汤璐，字佩琏，号柏村，清代怀远县龙亢人。明代东瓯王汤和后裔，曾任宝应县训导，著有《柏村诗集》。

[注释]

①天柱：天柱山。

②阖辟：阖，闭合；辟，打开。该句意为涂山耸立于天地间。

③刊：砍斫、削除。这里是“校正”意，即予以教化。草昧：尚未开化的蒙昧状态。

④鸿蒙：混沌的自然元气。

⑤府：官署，百官聚集之处。府事：指大禹处理公务，议事，指挥分派等事。

⑥平成：大禹治水成功，地平天成。

⑦象贤：言后嗣能象先贤，为赞美父子事业相承的词语。

⑧后至戮防风：大禹在涂山大会诸侯，万国诸侯谨遵号令，唯有防风氏迟误，大禹下令斩之。

⑨群灵：众诸侯。警扈同：共同护卫、侍从大禹。

⑩碧简：相传禹凿龙门，有神蛇身人面，授大禹绿玉简。简长一尺二寸，以合十二时之数，使量度天地。禹即持此以平定水土。

⑪锁怪：镇锁淮河水怪无支祁。

⑫封树：聚土为坟叫“封”，植树为标记叫“树”。《周礼·春官·宗伯·冢人》：“以爵等为丘封之度，与其树数。”即以爵位高低决定丘封的大小和植树的数量。该处指涂山老银杏树，传为大禹会诸侯时栽植。

登涂山谒禹庙

汤　珏

长淮之水流汤汤，涂山蜿蜒郁莽苍。
盲风怪雨腾奇光①，蠙蚌出没支祁藏②。
民生其地乐且康，不知谁功隶编氓③。
我怀禹功忆怀襄④，力夺造化奠兹方⑤。
亿载庙食兹山阳，缘蚕附葛登神堂⑥。
六子八相在帝旁，邑人岁事荐烝尝⑦。
车马绎络裾佩锵，彩旗猎猎护云裳。
帝欣诚洁时来飨⑧。

作者简介

汤珏（jué），清代怀远龙亢人，字葆莲，号蓉村，汤璐之弟。著有《蓉村诗集》等。

[注释]

①盲风：大风。

②蠙（bín）蚌：淮河河蚌，产珍珠。支祁：无支祁，淮河水怪，被禹镇锁。

③编氓：编入户籍的平民。

④怀襄：怀山襄陵的省略语。《尚书·尧典》："汤汤洪水方割，荡荡怀山襄陵。"形容水势很大，淹没了山陵。

⑤奠：定也。谓大禹治水，安定地方。

⑥蚕：吃桑叶吐丝做茧的虫。蚕丛，相传为古蜀王的先祖，教

人蚕桑。葛：葛天氏，传说中的远古帝王。

⑦烝尝：冬祭曰烝，秋祭曰尝。泛指祭祀。

⑧帝：指大禹。诚洁：真诚、明洁。飨：享用。

涂　山

许　星

若稽古大禹[①]，帝命奠怀襄[②]。
癸甲勤三过[③]，庚辰敷八荒[④]。
导山分楚服[⑤]，列障保淮阳[⑥]。
枢轴绵中干[⑦]，朝宗并古杭[⑧]。
莫邪浮剑气[⑨]，斗牛接星光[⑩]。
娶妇山名国，生男石作乡[⑪]。
黄熊须底绩，苍水锡安昌。
九象沉妖锁[⑫]，双龙架蝀梁[⑬]。
胼胝开鸟鼠[⑭]，辇檋下荆扬。
息壤宁容窃[⑮]，河图已兆祥[⑯]。
霞城标巀嶪[⑰]，神府郁琳琅。
揖让谋咨岳[⑱]，成平继陟方[⑲]。
四巡瞻拱极，万国莅垂裳。
夏谚歌游豫[⑳]，嵩呼辨跻跄[㉑]。
连天开象魏[㉒]，绝巘启明堂。
玉帛陈重屋，駒駼应驷房[㉓]。
皃旌云借色，鷸鷞地流香[㉔]。

座绕鱼须满[25]，冠垂日角长[26]。
时几尊敕命[27]，身度协求章。
宝鼎镌魑魅，瑶丹集凤凰。
前衍能盖鲧，后至竟诛防!
五载征遗事，千秋赖大匡。
是山尊四岳，典祀媲三皇。
俎豆绵姬子，碑铭泐汉唐，
诸侯陪朔望[28]，六月荐烝尝[29]。
大夏传遗乐[30]，元圭缅古装[31]。
迎神风御马，侑食黍宜粱[32]。
明德由来远，丰功那可忘?
安知原庙废，徒见寺门凉。
古屋龙蛇动，阴岩蝙蝠翔。
藤萝秋挂月，苔榭夜生霜。
山鬼栖银杏，林猿啸石床。
涛喧童律怒[33]，石走巨灵忙[34]。
字蚀岣嵝碧，庭空橘柚黄。
此间多胜迹，自昔搴云囊。
文籍金华重[35]，时缘玉局彰[36]。
穿林摘丽藻[37]，支版忆甘棠[38]。
点笔泉争落[40]，含毫草亦芗[39]。
溯河差可据，数典况能详。
我本当涂国，家邻禹会庄。
为鱼知已免，人圣或非狂。
欲步名贤约，思分屐齿芳。

南来龙郁郁，东去水汤汤。
四海同风地[41]，披图想拜扬。

作者简介

许星，清怀远县人，许所望之子，颇富诗才，惜早殁。（该诗载于清嘉庆《怀远县志·祠祭志》）。

[注释]

①若：助词。稽古：考古。

②奠：定，治理。怀襄："怀山襄陵"的省语。指水势很大。怀，包围。襄，上升到高处。即大水包围山岳，漫过山陵之意。

③癸甲：传为禹娶涂山氏之期辛壬癸甲。三过：指三过家门而不入。

④庚辰：神名。神话传说禹治水，命庚辰降服淮涡水怪无支祁，把它锁在龟山下，使淮水安澜入海。敷：铺垫。八荒：八方，泛指周围及远处。

⑤楚服。即楚地。涂山周边古属楚地，因此服役承事于楚。

⑥淮阳：淮河北岸。古以水的北面为阳。

⑦枢轴：运转的中轴。谓涂山一带是大禹活动的中心。

⑧朝宗：诸侯朝见天子，臣下朝见帝王。古杭：指江南杭州一带的诸侯国。

⑨莫邪：莫邪山，战国时干将莫邪夫妇曾铸剑于此。莫邪山今禹会区境内亦有之。［见（嘉庆）《怀远县志》卷之一《地域志》］

⑩牛斗：牵牛星、北斗星。传说吴灭晋兴之际，牛斗间常有紫气。涂山淮河流域地当牛、斗二星分野之处，故曰"接星光"。

⑪黄熊：鲧被殛于羽渊，化为黄熊，潜入水中。羽渊的水是青

黑色的，故曰“苍水”。锡：赐。旧时被天子诛杀常用“赐”字，不言“悲惨”反说“安康”。

⑫九象：言无支祁力大如九象，故以之代。

⑬双龙：禹擒无支祁时驾双龙而战。蝀（dōng）：虹霓。

⑭鸟鼠：鸟鼠同穴山，在今甘肃省渭源县西南。

⑮息壤：古代传说中谓能生长不已的土壤，可以塞阻洪水。传说鲧盗天帝息壤筑坝阻挡水路，洪水泛滥尤盛，鲧治水无功被殛杀。

⑯河图：《易·系辞》上：“河出图，洛出书，圣人则之。”认为是帝王圣者受命之瑞。《广博物志》十四引《尸子》有禹受河图之事。

⑰嶻嶪（jiéyè）：高大险峻。霞城：神仙居所。

⑱岳：即四岳，相传尧时，羲和之四子，分掌四方诸侯，故称四岳。

⑲成平：地平天成。水土治曰平，五行叙曰成。因禹成九功而叹美之。陟（zhi）方：陟，登高、登山。陟方意谓帝王巡守。

⑳游豫：指帝王出巡。春巡为“游”，秋巡为“豫”。《孟子·梁惠王下》：“夏谚曰：‘吾王不游，吾何以休？吾王不豫，吾何以助？一游一豫，为诸侯度。’”

㉑嵩呼：山呼，高呼。典出《史记·孝武本纪》和《汉书》卷六《武帝纪》。汉元封元年春，武帝登嵩山，从祀吏卒皆闻三次高呼万岁之声。后臣下祝颂帝王，高呼万岁，亦谓之“嵩呼”。跻：登、升。跄：拜舞。

㉒象魏：高貌。古代天子、诸侯宫门外的一对高建筑，亦叫“阙”或“观”，为悬示教令的地方。借指宫室，朝廷。

㉓騊駼（táotú）：良马，名马。《山海经》：“北海内有兽，状

如马，名騊駼。”驷房：马厩。

㉔鹬罽（yùjì）：翠鸟羽和兽毛做成的毡帐。鹬，为水滨鸟类，体中小型，羽毛多灰、褐而不艳丽，嘴脚都很长，趾间无蹼，常在河边或水田中捕吃小鱼、小虫和贝类。罽，用毛做成的毡子一类的东西。

㉕鱼须：鲨鱼之皮。须，为“颁”的讹字，“颁”通“斑”。因鲨鱼皮有斑，可以为饰，故大夫用以饰笏。

㉖日角：额骨中央隆起，形状如日。以喻帝王大贵之相。

㉗时几：时间、时日、时机。敕:帝王的诏书、命令。尊敕命：遵舜之命（治水）。

㉘朔望：阴历每月初一为朔，每月十五为望。

㉙蒸尝：本指秋冬二祭。后泛指祭祀。《国语·楚语下》：“国於是乎蒸尝。”《后汉书·冯衍传下》：“春秋蒸尝，昭穆无列。”

㉚遗乐：夏代传留下来的音乐，即九韶。

㉛元圭：即玄圭，一种黑色的玉器，上尖下方，古代用以赏赐建立特殊功绩的人。《尚书·禹贡》：“禹锡玄圭，告厥成功。”缅：怀想。

㉜侑（yòu）食：劝食，陪侍进食。

㉝童律：神话人物，曾佐大禹锁镇水怪。

㉞巨灵：传说中缔造山川之神。

㉟金华：宋濂写《游荆涂二山记》。宋濂为金华人，故人称金华先生。

㊱玉局：苏轼。苏曾任玉局观提举，人称苏玉局。

㊲摛（chī）：传布，铺陈。

㊳甘棠：为《诗经·召南》的一篇，先秦时华夏族民歌。《史

记·燕召公世家》："周武王之灭纣，封召公于北燕。召公巡行乡邑，有棠树，决狱政事其下，自侯伯至庶人各得其所，无失职者。召公卒，而民人思召公之政，怀棠树不敢伐，歌咏之，作《甘棠》之诗。"后遂以"甘棠"称颂循吏的美政和遗爱。

㊴芗（xiāng）：谷香。古书上指用以调味的紫苏之类的香草。

㊵溯河：犹溯源。

㊶四海同风：天下同有淳正的风气。

恭祝宫保尚书云汀老前辈六十寿诗[1]

林则徐

直上涂山绝顶看，宣防规划众流安。
芍陂兴溉田俱沃[2]，樊惠穿渠绩不刊[3]。

作者简介

林则徐（1785—1850），清福建侯官人。字元抚，一字少穆。政治家、思想家、诗人。嘉庆十六年进士。道光十七年任湖广总督，次年为钦差大臣，赴广州查禁鸦片，道光十九年（1839年）6月3日至25日，于虎门销毁缴获英美商人之鸦片二百余万斤，并严设海防。英国发动鸦片战争，林则徐屡败英舰，为著名民族英雄。著有《林文公政书》《信及录》《云左山房诗钞》等，后汇为《林则徐集》。

[注释]

①云汀：陶澍，字云汀，曾任安徽巡抚。1823年，江淮地区大水。陶澍登涂山顶，观察水势，筹划兴修水利并予以实施。（见魏源《陶文毅公行状》）

②芍陂（quèbēi）：春秋时楚相孙叔敖住持修建的水利工程，位于安徽寿县东，与都江堰、漳河渠、郑国渠并称为中国古代四大水利工程。隋唐以后设置安丰县。芍陂被称为安丰塘。

③樊惠：古水渠名。东汉光和五年（182年），京兆尹樊陵领衔在阳陵县（今陕西咸阳市东）兴建的水利工程。蔡邕为此作《京兆樊惠渠颂》。刊：砍斫、削除。这里是“磨灭”意。

涂山怀古（四首）

林之望

一

石纽祥辉接紫穹①，戊寅六月感呈虹②。
珠庭玉斗钟奇表③，山椐泥橇瘁圣功④。
神兽入岩天险辟，应龙化地海流通⑤。
雌雄金铸阴阳鼎，⑥宝气犹腾泗水中⑦。

作者简介

林之望（1811—1884），字伯颖，又字远村，怀远县城人。清道光二十四年中江南解元，翌年中进士。二十七年入翰林院。咸丰六年任御史，同治元年以布政使职代行陕甘总督事。有《荆居书屋文集》《荆居书屋诗集》《春明馆赋稿》《养蒙金鉴》《觉世经解》等书传世。

[注释]

①石纽：古地名，在今四川省汶川县境，为大禹诞生地。《蜀王本纪》：“禹本文山郡广柔县人也，生于石纽。”《三国志》：“禹

生石纽，今汶山是也。”

②戊寅六月：传为大禹诞生之时。呈虹：意为天空出现彩虹般的祥云。

③珠庭玉斗：“珠庭”谓天庭饱满如珠；“玉斗”指地阁方正。钟：集中、会集。奇表：非凡、奇伟的仪表。

④山梮（jú）：登山乘具，即山轿。橇：古代在泥路上行走所乘之具。

⑤应龙化地：应龙，古代传说有翼的龙。相传大禹治洪水时，应龙以尾画地，成江河，使水入海。

⑥鼎：金属器物，三足两耳，古代视为立国重器，是政权的象征。《汉书·郊祀志》“禹收九牧之金，铸九鼎……”

⑦泗水中：《史记·秦本纪》：“周赧王十九年，秦昭王取九鼎，其一飞入泗水中，余八入于秦中。”

二

导淮桐柏事尤奇，鼓荡洪涛诧支祁。
驾挽二龙搜巨浸，力逾九象失雄姿。
金铃铁锁神奸锢，舜日尧天雨露滋。
闻道龟山渔钓者，猕猴引出共惊疑。

三

候人猗实思缠绵，毓瑞涂山庆象贤[①]。
传子特开三代局，操音宜冠二南篇[②]。
土功荒度臣衷苦[③]，阃教修明世泽延[④]。
四百余年兴夏祚，漫云化石坐崖巅。

[注释]

①毓：孕育生养。瑞：吉祥。象贤：能效法先人之贤德，赞美父子事业相承的话语。

②二南篇：《诗经》中的《周南》《召南》。《吕氏春秋》音初篇记叙，涂山氏女作歌“候人兮猗”，“实始作南音。周公、召公取风焉，以为《周南》《召南》”。

③土功：大禹治水之功。《尚书·益稷》：“惟荒度土功……”

④阃（kǔn）教：指母教，家教。阃亦指内室、妇女，此指涂山氏女。修明：昌明，阐明。世泽：先世的德泽、恩泽。延：指继续下去。

四

谒庙重来话旧游，评泉瀹茗住峰头①。
扶桑挂日红云晓②，银杏摩天碧落秋。
膏壤鳞鳞环禹甸③，风帆叶叶扬淮流。
原将丹艧图王会④，共睹衣冠拜冕旒⑤。

[注释]

①瀹（yuè）茗：烹茶。

②扶桑：神树名。相传为日出之所。

③膏壤鳞鳞：肥沃的土地，一方方如鱼鳞状。

④丹艧（huò）：供涂饰的红色颜料，亦可比喻君王的恩泽。“艧是彩色之名，有青色者，有朱色者。”图：描绘。王会：大禹会诸侯的场面。

⑤冕旒：天子的礼冠，此处代指大禹的仪容。

涂山秋眺

陈　獬

我上涂山俯碧空，人民村郭巨涛中。
滔天不尽怀襄感，济世谁成疏凿功。
翠绽野梅寒挂壁，霜飘银杏苦吟风。
田塍禾黍漂流尽①，愁听哀鸣水上鸿②。

作者简介

陈獬，生于道光年间，卒于光绪年中，字去恶，晚年改字冷髯，号二峰，怀远县城（今荆山镇）人，清末地方爱国名人。曾鼓动群众殴毙文化侵略者白斯泽。有《正声集》《冷髯诗抄》《陈二峰先生诗草》等著作传世。

[注释]

①塍（chéng）：田埂。此处田塍指田地。

②鸿：大雁，寓意灾民。

登涂山绝顶谒禹庙

宫尔铎

神禹巍宫绝顶开，苍然暮色满崖隈。
峥嵘返照穿云烂，浩荡长风挟雨来。
四渎奠安思帝力①，万邦奔走萃群才。
横流沧海悲今日，干羽难期格蝮虺②。

作者简介

宫尔铎，字农山，号退园，别号抱璞山人。清末怀远洛河（今淮南洛河）人。国子监生，善书法，为怀远清末三大书法家之一。著有《思无邪斋古文》8卷、《思无邪斋诗存》12卷行世。

[注释]

①四渎：《史记·封禅书》：“四渎者，江、河、淮、济也。”从前江河淮济皆流入海，故曰四渎。

②蝮虺（fùhuǐ）：蝮蛇。干羽：干楯羽扇，为舞者所执的舞具。武舞执干，文舞执羽。《尚书·大禹谟》“帝乃诞敷文德，舞干羽于两阶。”格：打击。

禹会村

杨鹤卿

依山傍水不成村，古桧枯松亦偶成。
父老妄传有夏谚，儿童竞逐防风魂。
林朝乌鹊斜阳冷，庙祀黄熊社鼓喧。
玉帛冠裳今在否？为鱼谁思导淮恩①。

作者简介

杨鹤卿（1826—？）：名杨寿宝，字鹤卿，号渔村。增广生。怀远县城人。诗文世家。曾在军政部门任幕僚。著有《寓无竟斋诗存》传世。

[注释]

①为鱼谁解导淮恩：为鱼，语出《左传·昭公元年》：“刘子

（定公）曰：‘美哉禹功，明德远矣。微禹，吾其鱼乎？’”该语意为：“现在谁能知道我们不变为鱼，是禹王治水导淮的恩惠呢？”

文笔峰

杨鹤卿

浮图七级耸云冈①，对峙荆岩水一方。
直比灵光岿鲁殿②，更看珠气郁文昌③。
晴川倒影波应墨，画意摩空日有芒。
莫谓燕许称大手④，皇州雁塔早流芳⑤。

[注释]

①浮图：塔。《魏书·释老志》：“凡宫塔制度，犹依天竺旧状而重构之，从一级至三五七九，世人相承谓之浮图，或云佛图。”

②灵光：汉代殿名。为景帝子鲁恭王余所建。

③文昌：又称文曲星，文星。道教称为梓橦帝君，主人间功名、禄位事。

④燕许：“燕许”指唐人张说、苏颋；张说封燕国公，苏颋袭封许国公。《新唐书·苏傒湣传》载，苏“自景龙后，与张说以文章显，称望略等，故时号燕许大手笔”。“燕许”又称“苏张”。唐元稹诗云：“李杜诗篇敌，苏张笔力匀。”

⑤皇州雁塔：陕西西安大雁塔。圣教碑序在此塔下，为唐进士题名处。

禹　庙

林介弼

高插涂峰气势雄，千年禹庙立崇隆。
冕旒垂日瞻王度[①]，松柏参天拱故宫。
启母石横云汉碧，羽渊霄挂夕阳红[②]。
殿前古树经兵燹[③]，枝干婆娑作卧龙。

作者简介

林介弼（1854—1935），字幼丞，号遁石山人，怀远县城人。光绪十年中江南解元，授内阁中书，协办侍读。光绪十六年，奉命为出使日本公使李伯行之监督(高级随员)，协助处理对日外交事务。任满回国后，历署江西宁都、直州和广信府知府。民国初年，徐世昌任大总统，委为顾问。著作有《解元文集》《溉园诗集》《瀛海鳞鸿记》《三元合稿》，与其叔林之望合著有《江左二林文集》。

[注释]

①冕旒：古代帝王的礼冠和礼冠悬垂的玉串，谓之冕旒。亦作天子代称。日：日角。额骨中央隆起，形状如日。旧时认为是大贵之相。后以比喻帝王。王度：帝王的气度。

②羽渊：池潭名。

③燹：战火。

禹会村

林介弼

泛滥清平返故园，图成王会聚山村。
四方玉帛虔修贡，万国衣冠恪守藩。
鹓鹭班排分采甸[①]，龙蛇气清转乾坤。
欲寻古迹今何在，乌鹊来朝语自喧。

[注释]

①鹓（yuān）鹭：鹓和鹭两种鸟群飞有序，以喻班行有序的朝官。采（cài）甸:古代卿大夫的封邑。《尚书·禹贡》“五百里甸服”。

登涂山

林介弼

登临涂阜一高歌，追忆平成感慨多。
美哉禹功明德远，馨香历劫不消磨。

亚泉

林介弼

有泉题亚字，近在圣泉旁。

藻翰泥全漫[1]，崖书迹易荒。

来源殊峻绝，考古更苍凉。

余有阐幽意，甘芳味独尝。

[注释]

①藻翰：华丽的文章，指雕刻在岩石上的文字。

题禹王宫条屏

康有为

江空一叶小舟横，对此茫茫百感生。

皎月满天山色淡，秋边断雁一声轻。

作者简介

康有为（1858—1927），原名祖诒，字广厦，号长素，广东南海人。光绪进士授工部主事。晚清时期政治家、思想家、教育家，资产阶级改良主义代表人物，戊戌变法失败，亡命国外。著有《新学伪经考》《孔子改制考》《戊戌奏稿》《中庸注》《康南海先生诗集》等书。

叠祭禹庙前韵

李汝振

粢盛敬献鼓钟鸣[1]，率土谁无爱戴情[2]。

一自波涛归大海，永为耕凿树先声。

久惭抚字心多愧[3]，窃喜趋跄礼告成。
环顾灾黎思待泽，可能上达此心诚。

作者简介

李汝振（1855—1933），安徽阜阳人，字小山，号桂生，清同治、光绪年间贡生，该诗为其在怀远教书时所作。

[注释]

①粢（zī）：谷物的总称，特指祭祀用的谷物。

②率（shuài）土：这里指是在大禹统领的地方。

③抚字：抚育爱怜；亦谓对百姓的安抚体恤。《后汉书·列女传·陈文矩妻》："四子以母非所生，憎毁日积，而穆姜慈爱温仁，抚字益隆，衣食资供皆兼倍所生。"《北齐书·封隆之传》："隆之素得乡里人情，频为本州，留心抚字，吏民追思，立碑颂德。"

涂山远眺

路青云

涂山高耸白云边，游眺攀跻最上巅[1]。
蚌埠楼台迷望眼，淮流波浪远稽天[2]。
火轮船驶听鸣笛，铁路车开看起烟。
夏禹登临朝万国，咨询银杏几千年。

作者简介

路青云（1868—1952），字汉澄，怀远县四方湖畔古城镇路家岗人。清末秀才、诗人。民国初被选为安徽省参议员。有《湖上草堂吟》传世。

[注释]

①跻：登。

②稽天：稽：停留。稽天：即停留天边的意思。

③朝万国：指万国都来朝拜大禹。

启母石

路青云

圣女天生偶夏王，巍巍石像矗涂阳。
风梳蓬首堆云髻，雨沐金容现古妆。
有子相贤侔妊姒[①]，养儿不肖愧英皇[②]。
三闻呱泣门无人[③]，母氏劬劳教义方。

[注释]

①侔（móu）：相等，齐等。妊姒（rènsì）：太任、太姒。太任，人名，周季历之妃，周文王之母。太姒，人名，周文王之妻，周武王之母。

②英皇：女英、娥皇，尧的两个女儿，舜之妃。《史记·五帝纪》说，舜的儿子"商均"不肖。《史记·夏本纪》说，"帝舜荐禹于天，为嗣"，舜死后"天下诸侯皆去商均而朝禹"。

③呱泣：小儿啼声。《尚书·益稷》："启呱呱而泣。"

涂山禹王庙

路青云

涂山庙宇貌辉煌，大禹威灵显八荒。
万国诸侯修职贡，千秋俎豆荐馨香。
盖愆克干先人蛊①，传子能谋后世昌。
粒食蒸民皆帝力②，思膏淮水共流长。

[注释]

①愆（qiān）：罪过、错过。盖愆：指将功补过，行善赎罪。《尚书·蔡仲之命》："尔尚盖前人之愆，惟忠惟孝。"克干：改革，纠正。蛊：古代传说害人毒虫，这里指前人的错误、罪过。

②蒸民：众民，百姓。

留赠李永德道长

洪　沛

禹王宫殿路崎岖，乘兴登临认坦途；
俯瞰城乡皆织锦，平看枫叶尽涂朱；
凋残古迹存梵宅，冷落名山有道居；
善画知书勤待客，针灸济世读灵枢。

作者简介

洪沛（1915—1991），安徽盱眙（今属江苏）人。曾任安徽省人事厅副厅长、中共安徽省委统战部部长、中共安徽省宣传部副部长，安徽省第五届政协副主席。第三、四届全国政协委员。该诗为其1985年登涂山朝禹所作。

涂山吟

刘建威

三过涂山岭，儿啼隔岸听。
黄淮犹泛滥，不敢叩门庭。

作者简介

刘建威，湖南汨罗人，该诗在2003年中国蚌埠“大禹颂”全国诗词楹联大赛中，获一等奖。

启母石

王永桂

天涯浪涌望凄迷，婆石真情万古痴。
浩荡清淮东逝水，涛声犹诵候人猗。

作者简介

王永桂，安徽怀远人，该诗在2003年中国蚌埠“大禹颂”全国诗词楹联大赛中，获二等奖。

寻　根

刘　华

君本禹墟人，
我亦江淮妇。
海外飘零五十春，
频梦家乡土。

万里苦寻根，
夙愿瞻先祖。
进得珠城谒禹王，
共觅涂山路。

作者简介

刘华，安徽蚌埠人，该词《卜算子·寻根》在2003年中国蚌埠“大禹颂”全国诗词楹联大赛中，获二等奖。

登涂山

西汝泽

峻岭之巅，
苍柏翠松，
浩渺云烟。
看长淮环绕，

扬波东去，
荆涂对峙，
绿浪连阡。
夕照斜阳，
彩云飞渡，
不尽波光水映天。
追昔日，
恨洪荒浊浪，
涤荡中原。

禹王亘古前贤，
治水患、功高无比肩。
赞过门不入，
胫毛磨灭，
劈山凿峡，
导滞疏川。
四水东流，
八方仰望，
万国来朝更无前。
开华夏，
有涂山见证，
禹德无边。

作者简介

西汝泽，安徽灵壁人，该词《沁园春·登涂山》在2003年中国蚌埠“大禹颂”全国诗词楹联大赛中，获二等奖。

第三章：楹　联　篇

第一节 涂山联

涂山，又名当涂山，俗称东山，“古淮南道名山”，为古涂山氏国所在地。“禹合诸侯于涂山，执玉帛者万国。”四千多年前，大禹在这里“劈山导淮”“镇锁水怪”“斩杀防风”“大会诸侯”，留下了“新婚三日而别”（一说四日而别）、离家十三年之久，“三过家门而不入”等千古佳话。涂山群峰叠嶂，静谧典雅，涵盖了名山大川“雄、奇、险、秀、幽、旷”的特色，为安徽省风景名胜区和著名旅游胜地。宋人黄庭坚惊叹：“登临无不是仙踪！”明大学士宋濂赞叹：“临濠古迹，惟涂荆二山最著。”古往今来，帝王将相，文人骚客，登山朝禹，留有脍炙人口的联语。

涂山广大纳万国；
帝禹于此分江河。

——王 韶

作者简介

王韶（1030—1081），字子纯，江州德安人，嘉祐进士，北宋名臣，足智多谋，富于韬略，曾任观文殿学士、礼部侍郎、枢密院副使等职。

涂山雄秀临淮水，
禹殿庄严列濠州。
——王　韶

峰峦耸翠，秀矗重霄，
涡淮曳兰，舣来四海。
——王　韶

五年朝会期淮甸，
万国衣冠际涂山。
——佚　名

汉书下酒味能永①，
涂山云茶韵自流。
——佚　名

[注释]

①汉书下酒：宋苏舜钦每晚读书，都要喝一斗酒。读《汉书》时，常一大杯一大杯地喝酒。他岳父听说，笑道：“有如此下酒物，一斗诚不多也！”

劈断荆涂峡谷，双山屹立。登朝禹殿，真宜入画。惊雕梁焕彩，辉增绿岭，弥钦伟魄。思煌煌业绩，功昭日月。当崇旷代圣君，敢改前规疏九派，拼除阻碍凿通河。待偶孤妻常望远，三经第宅未停旌。沥胆披肝，定纪明刑兴德政，卑宫固本倡农桑。设大驾来归，睹再造家邦，毕竟难回以往。寻遗踪片羽，皆随夕照铮铮闪耀。

排开楚豫洪涛，满野舒平。上望淮楼，实可凌霄。喜锦绣流霞，志继丹心，愈动情波。念赫赫英雄，气壮山河。自颂知时领袖，初谋国是剪群魔，更重民生求硕果。停争改制稳攀高，四化航程安掌舵。殚精竭虑，挥经拓典促春潮，特色铺途奔灿烂。虽神尧转世，观重光景象，能无盛赞当今？看乐境桃源，悉伴朝阳冉冉升腾。

——杨其昌

作者简介

杨其昌，云南大理人，该联在2003年中国蚌埠“大禹颂”全国诗词楹联大赛中，获一等奖。

第二节　禹王宫联

禹王宫在涂山主峰之顶，又称“禹庙”“夏后庙”。公元前195年汉高祖刘邦敕建。此庙是奉祀夏禹的专祠，也是道教著名宫观。

天香缥缈如游九府神宫，
宝殿巍峨上接三清法界。

——佚 名

三过其门，历数辛壬癸甲；
八年于外，平成河汉江淮。

——佚 名

导江河，平水患，万世永赖；
受禅让，会诸侯，俎豆千秋。
——佚 名

山外有山都似画，
树内生树不知年①。
——苏 轼

[注释]

①树中生树：禹王殿后有两株千年以上的老银杏树，当地有“先有树，后有山，大禹问树几千年”的传谚。树被雷火焚，从枯干中又长出儿女树，成为奇观。

风月一亭为益友，
经书数卷即良师。
——苏 轼

洪流匝地曾拘兽①，
老树参天欲化龙②。
——黄庭坚

[注释]

①拘兽：大禹治水，擒伏淮河水怪无支祁，镇锁龟山水下，淮水乃安澜。

②禹王庙中的古银杏，高大繁茂，枝杈参天。

万方洪水归沧海，
永赖当年疏凿功。

——杨 瞻

绩奠九州垂万世，
统承二帝首三王①。

——弘 历

作者简介

弘历（1712—1799），清高宗乾隆，清朝皇帝，其年号“乾隆”，寓意“天道昌隆”。25岁登基，在位达六十年，是中国历史上著名的长寿皇帝。

[注释]

①二帝：唐尧、虞舜。三王：夏禹、商汤、周文王。

道承尧舜，
德配乾坤。

——许德智

万世赖平成，岂惟川锁支祁，一角淮壖资保障①；
七旬修士卒，想见庭呈干羽，两阶韶舞赞文明②。

——乔松年

作者简介

乔松年（1815—1875），字健侯，号鹤侪，山西徐沟（今清徐县）人，道光进士，政治家、文学家、书法家、藏书家，曾任安徽巡抚。

[注释]

①平成：平水患，成河道，治水土五行。《尚书·大禹谟》帝曰："俞！地平天成，六府三事允治，万世永赖，时乃功。"壖(ruán)：城下宫庙外及水边等空地或田地。

②修：整治。《尚书·禹贡》："四海会同，六府孔修。"干羽：古代舞者所执的舞具。文舞执羽，武舞执干。《尚书·大禹谟》："班师振旅，帝乃诞敷文德，舞干羽于两阶。"亦指文德教化。韶：传说舜所制乐曲。禹治水成功，舜命士民皆敬从禹，并以歌舞庆祝。舜及其主要大臣皋陶均即席作歌。舜唱道："股肱喜哉，元首起哉，百工熙哉!"皋陶唱道："元首明哉，股肱良哉，万事康哉!"

二仪清浊还高下①，
万国衣冠拜冕旒②。
——林之望

[注释]

①此联为集唐代著名诗人杜甫、王维的诗句。二仪：天地。清者上浮于天，浊者下沉于地。三国魏·曹植《六惟汉行》诗："天地定二仪，清浊始以行。"

②万国：万邦、天下、各国。这里指全国各地的诸侯国。衣冠：服饰，衣服和礼帽，古代常用以指有地位、有身份的人。《论语·尧曰》："君子正其衣冠，尊其瞻视，俨然人望而畏之，斯亦不威而不猛乎?"冕旒：古代帝王戴的冠冕。冠冕下垂的玉串叫作旒。这里代指帝王。

古刹汉高建[1]，
仙台夏禹留[2]。
——宫尔铎

[注释]

①汉高建：汉高祖刘邦征英布过涂山，命立启王庙以镇荆山，立禹王庙以镇涂山。

②仙台：涂山阳坡有“聚仙台”。相传禹会诸侯时，群神亦至此台朝见。

巨灵献绿字[1]，
长人授玉书[2]。
——宫尔铎

[注释]

①巨灵：神话传说中劈山为河的河神。绿字：河图上的绿色文字。《晋书·地理志序》：“(禹)观于浊河而授绿字，寰瀛之内可得而言也。”

②长人：传说中的水神，白面鱼身。玉书：传说禹凿龙门，有神蛇人面，探玉简以授禹。禹即持此以平定水土。

空山垂四壁，
古庙独千秋。
——宫尔铎

俎豆犹古法，
林园无俗情。
——宫尔铎

峻拔在寥廓，
磅礴压洪原。
——宫尔铎

传子特开三代局[①]，
来王共仰八年功[②]。
——宫尔铎

[注释]

①三代局：夏、商、周三代局面。

②来王：诸侯来朝。

瞻禹宫，观夏代，四千年古迹；
登涂山，看淮河，八百里风光。
——宫尔铎

导疏自桐柏[①]，召童律，役庚辰[②]，锁无支祁之神妖，舟车檋樏，四载是乘[③]，亘古颂手足胼胝之烈；

治理凿荆涂，赤日璋[④]，碧月圭[⑤]，奉苍水使之明命[⑥]，辛壬癸甲，三过不入，于今仰冠裳玉帛之宗[⑦]。
——宋春翘

作者简介

宋春翘，清末民初怀远人。

[注释]

①桐柏：山名。在河南省，淮河发源地。

②童律、庚辰：神名。神话传说，大禹治水，命他俩降伏无支祁，锁之于龟山之下。

③舟车檋樏（léi）：即所谓“四载”。大禹治水，陆行乘车，水行乘舟，泥行乘檋，山行乘樏。樏是山行乘具。

④璋：玉器。古代用以表示瑞信之物。

⑤圭：古玉器名。古代帝王诸侯举行大典时所用的礼器。

⑥苍水使：典故名。相传大禹曾梦见一个赤色绣衣男子，自称“玄夷苍水使者”，曰：“欲得我简书，斋于黄帝之宫。”禹斋三日，果得金简玉牒，因知治水之要。

⑦玉帛：玉器和丝织品，指古代会盟时用的珍贵礼品。

忆当年，洪水横流，泛滥成灾，劈开两岸青山，滚滚巨涛观逝去；
看今朝，艳阳普照，逍遥同乐，舀起一杯白乳，频频细品笑归来。

——宋春翘

万国会冠裳，仰拜赓歌，协帝勋华承尧舜①；
千秋谙俎豆，报功崇德，兴王景运启商周②。

——孙筱波

作者简介

孙筱波，清末民初怀远人。

[注释]

①赓歌：酬唱和诗。在庆祝禹治水成功的歌舞会上，舜和皋陶连续作歌，称赞禹作为一代元首兴起，士民百工兴盛，万事健康发展。《尚书·益稷》说到皋陶作歌：“乃赓载歌曰：‘元首明哉，股

肱良哉，庶事康哉。'”勋华：《尚书·尧典》称尧为“放勋”、舜为“重华”，后因合称“勋华”。“放勋”是赞美尧之辞，言尧之功大而无所不至。“重华”是赞美舜之辞，谓舜能继尧，重其文德之光华。

②景运：指上天授予王位之命运。

治化无为虞帝德①，
平成有像禹王功②。
——佚 名

[注释]

①治化无为：《论语·卫灵公》：“无为而治者，其舜也与！夫何为哉，恭己正南面而已矣。”认为“圣人德盛而民化，不待其有所作为也。”即儒家的“德治”主张。

②像：法式，式样。

泽莫近乎拯饥渴，
惠莫广于济黎元。
——佚 名

都俞唐帝政①，
艰恤禹王灵②。
——张树侯

作者简介

张之屏（1866—1935），字树侯，安徽寿州人，清末同盟会会员，与同里柏文蔚、孙毓筠创办“强立学社”，追随孙中山先生，奔走革命。辛亥武昌起义，助张汇滔响应。民国成立后，协助孙毓筠督皖。生平力学，至老不衰，于金石书法，好之尤笃。著有《书法真诠》《淮南耆旧小传》《晚菘堂诗草》等传世。

[注释]

①都俞：皆为叹词，以为“可”。即表示肯定、认同。《尚书·益稷》：“禹曰：‘都！帝，慎乃在位。’帝曰：‘俞。’”是君臣间自如坦诚的谈话情景。引申为君臣问答相得的意思。

②艰恤：拯困救危。救民于水火之意。

黎庶颂胼胝之烈①，
尧舜嘉平成之功。

——张树侯

[注释]

①胼胝（piánzhī）：即胼手胝足。手掌足底生厚茧，形容劳作辛苦。

鹤衔松花香道院，
云去明月照丹台。

——张树侯

泽被九州，恩同今古；
德参天地，功在山河。

——佚 名

力尽八年，过门不入；
目穷千里，流水朝宗。

——佚 名

导河过淮泗，
敷土奠山川。

——佚 名

八年风雨平洪水，
万载龙蛇护古宫。

——佚 名

导江河，平水患，功勋万世；
受禅让，会诸侯，俎豆千秋①。

——叶春培

作者简介

叶春培，清末怀远人。

[注释]

①禅（shàn）让：古代以帝位让授于贤者。尧曾禅让于舜，舜又禅让于禹。

召长人，收巨灵，同刊草昧①；
役玄龟，策应龙，协破鸿蒙②。

——叶春培

[注释]

①同刊草昧：一同铲除蒙昧无知。

②玄龟：黑色神龟。应龙：古代传说中有翼的龙。相传禹治水时有应龙以尾画地而成江河，使水流入大海。鸿蒙：宇宙形成以前的混沌状态。

贡金九牧，执玉万方，亘古神功思治水①；

屋画龙蛇，庭垂橘柚，即今庙貌念卑宫②。

——叶春培

[注释]

①九牧：九州之长。执玉：执玉帛朝拜大禹。禹治水遍涉冀、兖、青、徐、扬、荆、豫、梁、雍九州，教化农桑、因地制宜。九州攸同，六府甚修，众土交正，致慎财赋。天下于是太平治。故曰“贡金九牧”。

②唐杜甫诗《禹庙》：“荒庭垂橘柚，古屋画龙蛇。”《尚书·禹贡》载：禹治洪水，九州人民得以安居生产，远居东南的“岛夷”之民也“厥包橘柚”——把丰收的橘柚包裹好进贡给大禹。又传说，禹“驱龙蛇而放菹 (泽中有水草处)”，使龙蛇也有所归宿，不再兴风作浪 (见《孟子·滕文公》)。卑宫：卑陋的宫室。《史记·夏本纪》：“禹伤先人鲧功之不成受诛，乃劳身焦思，居外十三年，过家门不敢入。薄衣食，致孝于鬼神。卑宫室，致费于沟減……”

鸟语花香真洞府，

松青竹翠小蓬莱。

——焦浚川

作者简介

焦浚川，清末河南人。

万里长空开眼界，
一川淮水润心里。
——焦浚川

呱呱者弃怀①，
颙颙者候梦②。
——佚 名

[注释]

①呱呱：《尚书·益稷》：“禹曰：‘启呱呱而泣，予弗子……’”《史记·夏本纪》：“予娶涂山，辛壬癸甲，生启予不子，以故能成水土功。”孔颖达正义：“禹辛日娶，至甲四日，往理水，及生启，不入门，我不得名子，以故能成水土之功。又，一云过不入，不得有子爱之心。”

②颙（yóng）颙：仰慕、仰望貌。《淮南子·俶真》：“是故圣人呼吸阴阳之气，而群生莫不颙颙然，仰其德以和顺。”

极目东瞻，想长淮滚滚潮来，洗尽哀思无限恨；
掉头西顾，望荆岭茫茫云起，卷回羁客浪游心。
——杨耀南

乘四载，以疏导九河，凿海穿山，天地平成垂永赖；
历八年，而会朝万国，开来继往，帝王授受庆明良。
——杨耀南

足迹遍山川，一导一疏称圣贤，十万里沧桑成乐土；
功德昭日月，大仁大义追尧舜，百千年博爱惠苍生。

——何长庆

作者简介

何长庆，四川成都人，该联在2003年中国蚌埠“大禹颂”全国诗词楹联大赛中获二等奖。

黎元在抱，三过家门，回眸忍洒英雄泪？
社稷当肩，九分天下，溯史犹闻大治歌。

——张树路

作者简介

张树路，山东龙口人，该联在2003年中国蚌埠“大禹颂”全国诗词楹联大赛中获二等奖。

大道谓先知，水性民情，疏则通，堵则溃；
古国重展望，河清海晏，雨亦顺，风亦调。

——张荣沂

作者简介

张荣沂，安徽当涂人，该联在2003年中国蚌埠“大禹颂”全国诗词楹联大赛中获二等奖。

第三节 苍龙阁联

苍龙阁坐落涂山禹王宫大殿西侧的长春道院内。该建筑为上下两层木架结构阁楼。上层为藏经楼和住持道士诵经悟道处，下层为禹王宫接待香客居士及论道品茗之所。

禹庙烟霞古，
山中岁月长。
——佚 名

仙踪灵岩供醒目，
名泉圣水济清心。
——佚 名

客来莫嫌茶味淡，
山居不比世情浓。
——张树侯

黄鹤楼头吹玉笛，
苍龙阁上画丹青。
——佚 名

第四节　崇德院联

禹王宫头道院落，即“崇德院”。崇德院北面拜厅，南对山门，东西两侧分别为清净、纯阳两道院。崇德院名曰“崇德”，源出《尚书·武成》：“惇信明义，崇德报功，垂拱而天下治。”历代文人骚客，歌涂山颂大禹，传诵联语有：

万国冠裳集，
千秋俎豆崇。
——佚 名

自昔怀明德，
于今仰帝功。
——佚 名

第五节 崇伯观联

崇伯观[1]，即鲧王庙，坐落涂山西麓下洪村，占地五亩，石墙古瓦，巨木抱柱，飞檐翘角。苏轼涂山朝禹诗中云：山下有鲧庙，则其创建在宋以前矣。《中都志》载：鲧庙在怀远淮河东岸，洪武二十八年修。

今涂山西麓象岭与狮山之间，尚有崇伯观遗址。

奉尧命治水，九年未成，劳而无功惜也；

尊舜令殛身，三足已定，诛之有名痛哉[2]。

——佚 名

[注释]

①崇伯观：即祭祀大禹之父的鲧王庙。

②三足：《国语》《左传》等文献均说鲧殛于羽山，化为黄熊(nǎi)入于羽渊。唐·陆德明《释文》认为“熊”是三足鳖。唐·张守节《正义》认为“能”字下三点（熊），为三足也。

第六节　灵岩寺联[1]

灵岩寺，又称无量殿，坐落涂山东峰，与禹王宫并峙于霄汉间，是沿淮唯一建于山峰顶端的古寺庙。乾隆四十二年（1777年）《重修无量殿碑记》载：“涂山无量殿者，创自前明，对峙禹巅……”

孤峰类削，云连荆岫千林；
危殿凌虚，槛俯淮澜万顷。
——佚 名

[注释]

①此联摘自清乾隆年《重修无量殿碑记》。

第七节　关帝庙联[1]

涂山关帝庙，坐落涂山西麓下洪村，始建于明万历十四年(1586年)。大殿内除供奉关公外,还配祀关平、周仓和关公的宝马、宝刀。农历五月十三是关公生日,民众会自发到关帝庙焚香膜拜,祈求风调雨顺,国泰民安。

汉室三分鼎，
春秋一部书。
——佚 名

涂山西望心思蜀，
淮水东流恨入吴。
——佚 名

山势西来犹获蜀，
淮声东下欲吞吴。
——佚 名

先武穆而神[2]，大汉千古，大宋千古；
后文宣而圣[3]，山东一人，山西一人。
——佚 名

[注释]

①涂山关帝庙，背依涂山，面对荆山淮水。与淮河对岸的怀远文庙隔水相望。

②武穆：宋代岳飞谥“武穆”。

③文宣：孔子被历代尊为“大成圣先师文宣王”。

第八节　洪君庙联

洪君庙，又名洪君祠，坐落涂山东麓老营盘北洪君庙山。主殿祀洪君父子。洪君即洪福，南宋淮西置制使、怀远军统制夏贵的家僮。洪福跟随夏贵南征北战，被提拔为镇巢雄江左军统制。夏贵投降元军要洪福跟随投降。洪福精忠报国宁死不降，被夏贵诛杀。邑人怀念洪福建庙祭祀。

座上英风余白面，
阶前皓月照丹心。

——佚　名

[注释]

庙洪君庙还有题诗："既有六十三，何必七十五；洪君尚有庙，夏贵骂千古。"意思说夏贵六十三岁受命知怀远军镇守荆山涡口，以岳武穆、韩世忠自比，俨然是民族英雄。然而，十二年后他七十五岁，面对元军的大举入侵，却变节投降，受人唾骂。旧时，元宵节洪君庙会，祭拜洪君的络绎不绝。

第九节　土地庙联

土生五谷，为人“衣食父母”。土地庙，祀土地神，俗称“土地老爷”。传说土地神品级虽小，大小事皆管。凡有村庄，就有土地庙。土地神官不大，管的事最多。旧时，儿女诞生，要到土地庙“报户口”；老人故去，要到土地庙送汤“报丧”；久旱无雨，要去庙中祭祀“求雨”。土神庙佚名联语有：

庙小神通大，
山高日月明。

土能生白玉，
地可出黄金。

天下鬼神天下敬，
当方土地当方灵。

莫笑我庙小神卑，不烧香试试；
休仗你势大人广，做恶事瞧瞧。

第十节 圣泉联

圣泉为江淮名泉，旧志云亦名灵泉，坐落在涂山禹王宫西侧的悬崖峭壁下。泉水自山石缝中渗出，晶莹澄澈，清凉甘洌，大旱不涸。康熙《凤阳府志》云："(禹) 庙西下陡峻处有泉澄滢，四时不竭，遇旱祷雨泉边辄应，故镌石曰灵泉。"

茶隽涂山云雾魄①，
泉洌圣地水晶魂。

——佚 名

[注释]

①隽：美。云雾：涂山特产云雾茶。涂山云雾茶源远流长。相传，唐宋时期，涂山道士就把云雾茶列为祭祀用品。"名茶还须好水泡"。泡制涂山云雾茶，要用涂山泉水，方能凸显涂山云雾茶"味醇、色秀、香馨、液清"的风味。

第四章：碑　记　篇

第一节 禹王庙碑记

唐彭晁《庙记略》

禹会诸侯于此，故村名“禹会”。有夏家、禹家，皆禹之裔。

[注释]

该碑记摘选自清（嘉庆）《怀远县志·祠祭志·禹庙》。

宋《禹庙碑略》

宁宗庆元初，州守刘仲光刻石碣曰“有夏皇祖之庙”。明定祀典。“有司以六月六日致祭”。

[注释]

该碑记为清（嘉庆）《怀远县志·祠祭志》引自《凤阳府志》。

元《禹庙香火公据碑》

文曰：皇帝圣旨：裹元教宗师志道、宏教冲元真人，总摄江淮荆襄等路道教，都提点同知集贤院道教事。据安丰路濠州道正司申备、玄妙观住持潘宗野状告，本观自亡宋时分甲乙住持，自上而下轮算住持。自归附以来，累年口造，未曾申明换给公据及照得涂山禹帝香火。宋时隶属本观管领，拘确香资，修造养膳，乞备申上司给据，付本观甲乙住持管绍涂山香火。保结申照详事得此，准申合行，出给公据，付本观甲乙承袭住持，依旧管绍涂山禹帝庙香火。提督修造，仍仰依期焚修，祈延皇帝圣寿，务在精勤，毋致怠慢。须议给据者，右据，仰濠州玄妙观。准此。

[注释]

该碑文源出清(嘉庆)《怀远县志》。碑今镶嵌在涂山禹王宫拜厅东墙北首。碑文标点为点校时添加。

大德年《重修庙记》

涂山，古名山也。禹昔会诸侯于此地，执玉帛者万国。在当时为一大都会，明矣。至今禹会有村，此其验也。禹自平水土之后，功盖万世。天下后世生民俱得平土而居之，谁之赐欤？想涂山岩岩气象，禹以神功灵德庙食此山，其来久矣。唐大臣狄梁公，天下正人也。毁诸淫祀至二千七百余所，而禹庙巍然独存，今涂山祠是也。本祠旧隶濠州天庆观管绍香火，绵绵延延接续崇奉。洪惟圣元混一区宇，首崇道教，将天庆观名易宠徽号，以玄妙二字壮美观额，惠至渥也。矧扶植教门，纲维道统，又实仗大宗师真人力焉。乃在大德丁酉三月，给降公据。俾本观仍旧管绍涂山禹庙香火，付崇正大师蒋士中为首看守。遵命奉行，谨模似本白之于郡。郡守奉训谢椿乐成其美，添力修造，又有功于庙绩多矣。揭铭摛光，千古不没，

甚盛事也。于是命工刻石以纪岁月云尔。大德壬寅仲春吉日管军上千户倪文仲、同知郭宏、同知姚仁寿、本县达鲁花赤亦怜真、县尹杨柏龄、主簿朵列秃、典史张野助缘，儒学正吴文魁撰文，提领林应茂篆盖书丹凝和，守一大师濠州道判住持玄妙观提督庙事潘宗野立石。

[注释]

该碑在涂山禹宫拜厅，碑长四尺，碑文分作两截刻之。上半截为“公据”，下半截为重修庙记，皆正书。“公据”凡十行，行字多寡不等。修庙记凡二十六行，每行十七字。碑文标点为点校时添加。

明景泰年《重修禹王庙记》

明景泰年《重修禹王庙记》曰：“神禹氏功德万世永赖不可泯者也。有庙祠之者涂山有二：一在越之会稽山，一在淮西濠州钟离县西九十五里。《左传》杜预注：‘涂山在寿春东北，有禹会村。’《舆地记》载：‘濠州，涂山氏之国。’苏辙、王韶过濠州俱有诗，盖钟离濠州治也。即今之临淮县，寿春即今之寿州怀远县，乃凤阳属邑，而邻于寿州县之南，距淮河三里许。有山高耸、特秀，上有禹庙。与杜预注、《舆地记》合焉。考于书与《舆地记》，征于杜预注与苏、王之诗，则涂山之在怀远县者无疑矣。若会稽,则禹晚年巡狩驻跸兹山,东南诸侯亦来朝。则后之会诸侯为会稽山,前之会诸侯为涂山,夫何疑哉?今二州皆祠之者,会稽则从禹陵在,县涂山则以其娶于斯而治水始焉。要之皆崇德报功也。今庙在怀远涂山者,前楹三间,中祠禹王,左右羽士所居。近益后楹三间,中祠真武。景泰改元,凤阳太守仲公承制命祭于神。见祠宇圮废,命住持羽士许得智募缘葺之。今春毁于回禄,仲公责其完复。得智殚厥心力,鸠工经营,焕然一新。太守以书来南京请记之。夫祀神治民,守之先务。仲公致意禹庙而拳拳以文为请,其事神诚敬何如哉?予故详列经传所纪而明辨之,俾来者不惑于涂山之说,且知朝廷与乡人所以享祀者在于崇尚道德,不忘其功焉。”

[注释]

该碑记源出清(嘉庆)《怀远县志·祠祭志·禹庙》。碑文标点为点校时添加。

正德年《重修禹王庙碑记略》

正德年《重修禹王庙碑记略》曰:“怀远涂山庙祀有夏后氏之神。宋绍熙庚戌、庆元初年俱立碑记,石碣尚存,其来不既远乎?迨我皇明益隆祀典,牲币有加。每岁六月六日遣官致奠,享祀不忒。庙宇居山之绝顶,风雨易致圮坏。正德甲戌,永年高侯来宰是邑,一新庶政。道士曹元升者,素守清规,住持兹山。一旦承侯之命，遂鸠工市材，修废举坠，俾前后殿宇焕然而增新，大门、垣墙翼然而严整，钟、鼓二楼巍然而雄峙。规模宏远，视昔不侔焉。因砻石属予为记。正德十年岁次乙亥春三月丁丑日　邑人陈周撰。”

[注释]

该碑今在禹庙拜厅西墙北首，字迹清晰可辨。碑文标点为点校时添加。

万历年《增祭禹王庙碑记略》

万历年《增祭禹王庙碑记略》曰：“涂山禹王庙者，因禹会诸侯之处而建之，以崇德报功也。按县志，唐、宋历有之。至我朝定祀典，命有司以六月六日祭。相传以为禹诞期，其来远矣。沔彼淮水，朝宗于海。环涂之民得平土而居食，圣哲肸胝之福也。直指督谢公按部是疆，顾瞻禹迹慨然。下令捐赎锾，谋修缮，置祭田，增春、秋二祭并季夏之祭而为三。供祭之余，尤议时加修缮。匾其殿曰‘万世永赖’。举奉令启贮发赎，鸠工葺庙，仍买置民孙家庆田一区，计九十五亩三分，孙汝瑶、孙汝琢

田一区，计六十一亩一分五厘，永为本庙祭田。募民耕种，每年征租银十两七钱。除课粮马一两五钱二分三厘，其九两一钱七分七厘，贮充春、秋祭品。祭以各种月丁之次日为期。存羡以待不时之葺。山之前后山之前后滨淮不等，四至有杙。田前各建小石碑，题曰‘盐院为新设禹王祭田’九字，永为遵守，识盛美于不朽云。公讳正蒙，东粤之惠来人。”

[注释]

该碑记源出清(嘉庆)《怀远县志·祠祭志》。该碑今在禹庙前院东墙南首，碑石剥泐粉化。“凤阳府怀远县蜀人王可举立”仍清晰可辨。清嘉庆《怀远县志·良吏传》引用旧县志载：“王可举万历四十三年以举人任，慈蔼平易，有古循吏风。”

清乾隆年《重修禹王庙碑记》

涂山瞰淮矗立，与荆山对峙，在邑东南五里。《春秋左氏传》所谓“禹会诸侯于涂山，执玉帛者万国”是也。山故有庙祀神禹。历代曾尝以六月六谓是诞辰，逮今行之不改。今国朝百余年风雨剥蚀，堂倾陛圮，神像露立。乾隆二十六年，余自东流调官斯土，谒庙心悸。属士民吁修。详请當路，羡欵无出。饬谕捐输，余乃遍告怀士人曰：“而亦知禹庙之有于涂山乎？杜预注左氏云：‘涂山在寿春县东北。’《图经》云:‘涂山在钟离县西’。寿春即今寿州。钟离即今凤阳府。参验稽决合若符节冠裳,攸征文命式凭。”涂山之宜祀者一:《书》曰,予创若时,娶于涂山,辛壬癸甲,启呱呱而泣,予弗子,亟于拯溺痛割,厥私骴胝无胈,亦又其粗。涂山之宜祀者二:河济江淮,并称四渎,孟门而外厥功用凿仅见荆涂。又《古岳渎经》载:禹理淮水,功不能兴,获涡淮水神名无支祁,徙之龟山之足,淮乃安流。考李肇国《史补》亦有足相。证者事虽涉怪,非尽不经群徐扬之人得脱鱼腹,以有今日。涂山之宜祀者三:明德在人,遍于九有择地而报实有难惄?岂真谓于此宜于彼则不宜哉?或曰:纪载纷綸听者有惑焉?愿有以决之曰:子之言将毋擘于国语史记之传乎?二书明云:禹致群臣于会稽山,未尝云涂山也。后人沿应劭之误,拉合为一,至苏鹗以为有四涂山,无识支辞又劭下不足辨者,涂人士闻余言益劝于事,余亦解俸襄佽。乃仍旧基载楹、载桷、载甓、载瓴、载黝、载垩。金像剥落,庄严亦新。始于乾隆癸未年仲秋月,落成甲申年孟冬月,费约千金。既竣,事例书于石。咸谓余宜有言以识不朽,因次其始末,并述所告于怀人者,系之以诗曰:

汤汤淮水,啮荆怒涂。龙门踵凿,罔恤其家。
徐扬杀迅,豫流靖震。作庙山椒,庸报厥动。
怀人来控,蚀雨剥风。余亦惊书,载新宇栋。
乃祀明德,矢生羞熟。嗟我怀人,冀神斯活。
既作新宫,丰年穰穰。而雨不怪,而风不盲。
以续以似,罔替怀人。之命,敢告百里!

乾隆二十九年岁在甲申嘉平月谷旦,怀远县知县益阳蒋授熏沐敬撰。

儒学教谕徐大荣、训导张坤,主簿蒋绍英、典史席绍傅同立。

[注释]

该碑今在禹王大殿门前西首，碑文为编者抄写，标点为点校添加。

乾隆年《禹庙祭祀告示碑》

禹帝御祭由来已久，始于万历四十四年，奉委盐院谢新设祭祭费开销钱粮。盐院念禹功浩大，万世永赖，遂发善心，买乡民孙嘉庆田两区施为庙地，每年交道士权租银十两七钱，除完国课一两五钱二分三厘，其余贮充六月六旬盐院设祭登山以供茶水香火，并备不时香火至祭品等物外，有各行轮办道士谨办素席二筵，迨后御祭转委县主道士，以随茶便饭，偶伺行人，非为旧例。乃有无耻之徒，诈称执役，或一人而冒无数事，或一事而冒充无数人，索酒为醉，勒食为饱，甚于掷壶掼碗，

拥门斗骂。该道士于完粮之外，余租无几，何堪重累？且祭祀大典，焉岂容多人混乱？前邑令胡曾经示禁，尚未永绝。本县莅任以来，肃清祭典，嗣后届期斋戒，该道士谨备素席，无庸办荤，永为定例。其闲杂人等观瞻祀典，更不得藉称兴祭名目，勒索酒食。倘敢仍蹈前辙，许该道士即行扭禀以凭究处。除出示晓谕外，合并勒石以垂永久。

怀远县知县　周成章 立

刘烜、张本顺、韩廷杰、杨新兰、

张占鳌、魏维烈、杨文鏸、石绵庆、郝鸣皋、魏兆麟、吴廷梁 仝撰。

礼房陈嘉言，住持道士刘本锡(率)徒魏全兴、侄韩全福。

大清乾隆岁次五十六年六月初一日吉旦。石工温义成 刊。

[注释]

该碑今镶嵌在禹王宫拜厅西墙，碑文为楷书，秀美俊逸，清晰可辨。碑文为编者抄写，标题、标点为整理时添加。

嘉庆年《重修庙碑》

夫乾曜奠化庶汇宅，躬獉、兆蒙亭毒。嬗起原自骧首，灵若受图而秉元龙额，神昆承华而纂辟尊庐。赫胥之纪、谯明祝诵之躔固已权舆。帝象絪缊、泰壹金镜、朗乎六合，玉券书其十华，而运征苍昊、事远黎黔炎毖矣。荒屯鲜可稽尚降暨五德绍驾，九招龠和迪迹者，上聪宰治者迭。圣柝缀叶而耀翚裳，准结绳而镂蠹简。创因开昧茂于黄、炎，踵丽烁文讫于陶妫。世弦恢、清浊以洽。然而阳九遘灾，元二会厄，平壤震、汨崇陵，怀襄洪涛之堙放，勋所不能济巢窟之众，虞韶所不克谐洪。惟夏王肇昏垫，美哉禹功明德远矣！粤夫有莘，启哲高密诞详，星精贯昂木之宫，石钮叶神珠之瑞。执威枢之柄玉斗，入胸戴经极之珍，钩钤在首锡，嘉名于文命，奉冥漠于元符，观奇表之所钟，固非常之圣也。时则息壤用废，滔天未穷。九载既勤弗乂，其绩四岳佥咨。乃圮其族，白马傅刑，唐廷所以速明效黄熊，避策羽渊，所以显幽只。禹乃伤前勋之不彰，怀厥考之成勚，于是应明征绩、世业俶石、夷理寰薄、苦身焦思、胼爪胝趾、酷惄懊咿、悁劳繁虑、巾挂于道、履涉于渊。跨巨浸则鼋鼍以为梁，逾翠岭则明虬以为御。行逮遍乎濛汜，惟不践于羽山。而后丕烈绥肆，遗蛊弭使，乃命之臣配郊于颛顼，汩陈之罪奏德于皇天。养至渥也，报至纯也，故天下咸知大禹之孝。以为逆泷之奔非，真宰不靖彝伦之叙非。探颐不获达其变乃能窥天地之藏，致其精乃能究通塞之界。于是东观浊河而巨灵献绿字之箴，西至洮水而长人授黑玉之诰。乃复案历中经、旁求宛委、解于阳沔、历于衡岳。惟神弗谂，再觌始逢苍水使者御阍诏而趋迎黄帝岩书。翼麓庭而发秘金简、琼函、瑶编、银琢。巡水之源斯备，衍渎之旨具梨。苟非智莹形折，合契下鉴者曷以臻此？故天下咸知大禹之诚，至于沐日浴月、疏江决河，家久旅而若忘门，习驰而不入。纍垂负掌、橇樏乘泥，斩高乔下凿于溟滓之墟沙，軏山樏泄夫孙皇之窦，是以濡不给扢，胕不生毛，裸人因之而来归，祖女见之而川息。辛壬荒度呱呱者弃怀，庚子严齐颎颎者候梦。故天下咸知大禹之勤。若其治吕梁、修大陆，兖岱底雍梁则登乎孟门之上、载乎壶口之安。西至华阴以灭高阜，东至底柱以梳峻流，播为九河。奠于三门，大史涌而有常，徒骇潜而指典，于是穿雷夏之泽、汇荥波之潴，彭蠡震泽之大以蓄其湮。汝、汉、济、漯之滨以滑，其驶流沙、泻弱水、浮积石、延寒谷、引青泉，丹沼顺乎五行，赤岸黄支排乎四海，使鹑首就粒，食之生鱼，民返甸服之处，共操耒耜。告成赋而中邦争息，闾阎得庶土之交正，故天下咸仰大禹之功。夫民非食则不育，食非土则不植。所以惠莫广于济元元，泽莫近于拚饥渴。地纽既缺，二帝谢平成之基，滥觞未修，皆王辞广衍之斥。惟能钟水丰物为万世利，故天下咸知大禹之仁。盖自有熊问道徒剑为于崆峒，虞氏陟方攀弓髯于梧野，非绝迹之能溯。矧寓内之未周，降至后王，或勤外略戴胜虎齿之域，穆满曾游头痛身热之区。汉武初启，未有畅垓之广迹，血气之亲，毛龙在前、飞菟属后，顺则鸟兽咸若，怒则兜庐请命。桐柏之君长稽首而肃兵，龙关之华颠褰衣而示卦。奇肱三面，穷发九律，铭之岳、渎之经，疏为山海之记。故天下咸钦大禹之神，且以丛菁之当烈也。举益使治之而距海距川之患乂矣，稼穑之宜播也。举稷使务之而艰食鲜食之贶奏矣，童律狂章之徒制其水怪鸱脾桓胡之魅授之庚辰，皋陶则秤厥昌言太岳，则罗为心吕，故天下咸知大禹之明。由是觅土观地，分州殊方，声教所隆，要荒是暨。竖亥把算二万八千余里，大章展极五亿十选之步。渠搜贡珍毳之裘，后土锡鴺蹄之兽。愆余相柳、群帝升台、印检元都、环牧烹鬺。德有及而不治，道无纳而不徊，故天下咸归大禹之化。鼓之舞之、不轩不翥，伟矣哉！宁澄之综叙而亶赫之，藻溢矣。于是钟山燎祀升由于天，阳翟秉圭职成于帝。天方申其昆命，帝亦去其菁华。疾雷迅风彰于笙筦。拥璇持衡，调于馨鬯，蟋龙愤信于其藏，元龟协吉于先定。共迁虞以事夏，乃犹谦让而未遑也。退处阳山之南、阴河之北。避嗣于商均，逊贤于伯成。既佥同于朕志，始受朔于神宗，故天下咸知大禹之让。时乃荣光兴庆，去集百工，相和六府，孔修赤文，负图黑风，会纪则惟贵爵而尚齿。先赏而后罚。面稽天若颁小正之时，依永和声，谱大夏之律，钩车悬旆，命相土以佐，任毋追深衣祎黄，帝以宗鲧，朝据馈而趋，士女悬鞀以求言货币。淅安邑之文，金贝铸历山之国折额疏翟，俯袂泣囚三年而百姓遂焉。五年天下复朴矣。然后为时巡之制而大会诸侯于涂山。斯时也，肇用大辇载乘，余轮雄虹建旌，鸿鸾揭橦。元莹若月，丹珪如日，纷纷回回，肃肃祇祇，群后齐趋。灵神并致，十有二州之麛蠕动蚑行，千八百国之臻树领蛾伏盖。执玉执帛者万以为计，舞干舞冕者日中不遑。左应矩而右应绳，声为律而身为度。瘗精糈于名岫，羊玉表羞，施雕勒于壝宫，鸡彝不恭，威徙三曾之伐，神奸咸格、魑魅莫逢。是以大陵比享、俎豆升馨，橘野同规，粢盛肸蠁。此涂山之崇祀所以阅亿载而无替也尔。其山之为状，则高衍從巄，登降逦迤，翠嶂叠修，琼岩回峙。形沌浑而不郁，势峻嶒而独宏。能蒸电流、飙肤云泽，毯气奔荡于千里，灵汩通乎层霄。挽寿春之上流，锁淮扬之巨镇。望严则衡峰遥佐，地崇则泰岱可循。为坤轴之所必争、天轮之所由转，原夫山之始也。脉联荆阳，湍激淮右，轸石屼嵝于其陂，狂流滔涌于其际。禹乃旧功而泄之。刻舀碓磈、钻烧破柝，盘渴既顺，崚峡载夷。故二百十丈控淮之全，四十六里对荆之阜。金枢旧穴，昆明之劫灰犹存。雪岸浮沙，伊阙之斧痕远蹠。林树森起，若黼黻而朝；芝盖英飞，得冠裳之色。是则乐闻截竹，奏于禹会之村；粉合珠光，展彼启母之石。涂山之雄焕矣如此！而或者谓越裳甲楯乃鼎湖龙去之乡，蜀路蚕丛是玉泉负扆以地。遂疑涂山于茅岭并迁徐岱于会稽。不知披舆图者剖古今之分壤、考王会者辨大小之受共。其自太原宅、都晋阳、徙邑士、坏城平池、焚兵散物、朝端建鼓、车右立绥。夫五年巡狩，有虞氏之制也，四方会朝，夏后氏之盛也。立天下之中以秉天下之望，而诸侯之士不留于道路。藩维之臣咸慑于天威，岂复率九阳之辟同问道乎？巴渝舍七表之风，独垂裳于越绝，是涂山之可证者一也。若乃望禅于潜霍，镕鼎于条荆。导淮则自钟离而北以合乎涡，排泗则由广陵而东以入乎海。游脉谯沛，疏凿崒夔，非晻晻而无稽，皆班班之可指。岂复先后易其名、终始殊其地？是涂山之可证者二也。且夫候人待娶实家嘉夷，女憍来归爰妃令德成室台桑之野；我造彼昌，孕嗣轘辕之坪。度功弗子。虽绥孤之说无征、化能之言亦诞，而江淮昏礼尚沿辛甲之辰，濠泗婿乡终谱南音之曲，是涂山可证者三也。至于剡水遗墟景栈钟之制山阴故宙，传大计之名典，礼本合乎省方敷试，或随乎驻跸。坛围封树，滋后论之偏疑，假葬衣冠，叹前王之不复。此皆推帝纪而足凭，求夏麻而能算。虽少康、绍业中兴穷发之乡，勾践仍封创霸文身之域。而黄图迴别，绀谷谁移？是涂山之可证者四也。惟是华殿栖神，修除承享兰橑弈弈，松桷闲闲。阴映琼台，竦乎清都之上；玲珑石缺，幕乎泰畤之间。藻扃昼闭，爰降云华。舤棱夕张，来咨风后。徒观其枯槎千丈，幽篁百寻。元云重阴，阆飔生啸。柽瘿磊砢而垂乳，枫鬼盤拗而拿茎，复道霓含，楯轩霞谲。丹柱歙艴，飞鸟企于明堂；文陛逶迤，暗虬属乎冈岭。询栖直之祕馆，亲上古之彤庭。然而阅岁已辽，庀工渐圮，层栌剥蚀，悬栋离披。虫落星枅，恐毁螺书之贮；翼颓斗拱，遂乖凤舞之仪。何以肃共明禋，齐严报秩？知县孙君让，以嘉庆十八年到官。救乏、振滞、修废、举坠，安养阜成，勤恤民隐。凛寸阴之训，勿懈厥躬，宝朽索之箴，克慎庶狱。乃以岁奉朝命，聿修祀事。陟降在麓，憬焉以思深，惧夫圣王颂祇之，所弗眷于遐。国家荐歆之隆将委于地。且谓捍淮之冲者莫如涂山，弭淮之患者莫如大禹。回澜其乂孰迷。瓠子之歌高溢不骞，犹扰青泥之篆洪。惟我昭代敷文，玉境协瑞，河图蠙珠，浮于三州，金鼎出于二峡。守斯土者，其可不答扬休祐用布几筵，涂塈巍峨，镇兹水府也哉！于是大裒役徒，自佐畚锸，选材如云构梁，不日虚槛咫尺。凭其周垣省闼五重驾乎峭壁，步武依世室之制，经围遵夹牖之风。零陵庙前，空鼓琴瑟，曲阜墓下，自辟荆榛，未足比此清锵，方斯煜爚大矣、美矣、轮焉、奂焉。经始于某月日，落成于某月日，鸠程若干，计资若干，礼也。然天仪穆穆，庑仗森森，贝瑱珠间之饰以贲其华，茅茨土阶之平以返其俭。祭则山罍嶡俎玉柰，金浆旅实于庭。任土作贡，馨香既达，昭告维虔，谋勒丰珉，以志不朽。乃征下士，俾抒其文，履籛化人，毗迹蛮服，钦忱缀学，惟识夫追蠡探奇欲窥于洞穴。窃尝乘苇龙门，溯源马颊。道夏阳之地而搜吉金之遗，造祝融之峰而卧穹碑之下。揽旧甸兮茫茫、怀睿猷兮浩浩。诩扬易隘，赞述难名，则惟迪崇德。报功之巨，记维新创造之庥，虽叙绩于偏隅，庶追声于匪颂。来瞻圣域，阐宣尼无间之言，载镂巉岩，继子厚留铭之石。铭曰：

二仪习坎，参满乘乾。天水气蕴，人鱼道旋。

游河覿帝，祷麓循躔。苞麻惟御，《洪范》则诠。

三仞三沮，六沴六事。渟濑以潒，瀌涧以渍。

葱岭派九，沧屿函四。阳鸟攸居，里虫丕被。
慎灾援沈，心瘵形瘏。河坛飞字，亥既奉珠。
风惊为涌，水起龙扶。吾诚不忒，畴敢以渝。
乃作司空，平成覆载。乃总朕师，济营华外。
干羽格苗，丝竹感瑞。天下为家，酬勋未逮。
信彼涂山，维禹甸之。爰始导淮，激荡崄巇。
中审山脉，剖为而岐。伏沧恬源，通泗会沂。
磅礴绵流，涣烂绮错。海滀东键，河湄南络。
登诏藩后，述职方岳。雕戈董威，钩车效朴。
远陈龟璧，甫弃舟航。砺砥砮丹，纤组篚筐。
靡壤不辏，惟德是翔。粉藻灼灼，馨管锵锵。
脱屣一朝，扇薰广运。朔正有迁，蒸尝迭晋。
谷静渊和，天钤海润。遗簪九服，燔柴千仞。
荆淮之中，宅有幽宫。翳尔白日，肃然神风。
松楸瑟瑟，冈阜濛濛。元武映北，紫燕朝东。
荀淑长涂，史晨相鲁。仰焉如在，惕焉恐侮。
爰究爰度，式歌式舞。沈沈壶奥，郁郁庭庑。

斟明水兮椒盘，叩蜃窗兮扬銮。巫善步兮山址，蛟不鸣兮江湍。淮有茅兮三脊，藉桂酒兮承黍稷。惟神致襘兮礼乐诣，奠淮扬兮巩皇国。刻桷兮丹楹，戢庸兮顺则。引龄兮无极，摩挲兮伟碣。

嘉庆二十一年季秋大兴方履篯撰。

[注释]

该碑文源出清（嘉庆）《怀远县志·祠祭志》。碑文标点为点校添加。

民国年《募化重修禹庙观音殿碑略》

古人云盛极必衰，有隆逻(tà)有替此必须之理，必至之势也。怀远邑东涂山者，昔谓禹会诸侯于斯焉，临淮对荆居群山之高秀，故上有庙宇曰禹王宫。正殿侧附设观音大士殿宇一座，历年失修，风雨摧残，游览祀祭，目不忍观。道衲身负住持，有鉴及此，顿起重修之举。奈工程浩大，无立难成，遂向四方募捐。承蒙乐善施主，不吝资助，兴工修造业已告竣，观音殿成，焕然一新焉。特此勒石，以垂千古不朽云。代募功德主：扬子猷、邓文明、焦浚川、陈协五、王玉屏、张炳卿、杨国广、张世卿、耿公润、安月亭。募化住持道士：耿永信 率徒 霍国兴 立。清化 王律卿 撰；石工 王金池镌刻。

中华民国岁次庚辰秋月上浣谷旦

[注释]

该碑民国二十九年（1940年）立，今镶嵌在禹王宫前院西墙。文字清晰可辨。碑文为编者抄写，标点为整理时添加。其中助泽者名单略。

当代己卯年《重修禹王宫碑记》

涂山，古淮南道名山，双峰峻耸，瞰淮矗立，禹王宫皖北第一道观，庙貌庄严，道院清幽，迨至盛世丁丑年夏，有道士张元厚者，自幼出家，肩膺大任，受命于艰难之间，毅然住持兹山，承先师宏志，一代道风，率弟子明济、明修、明玄、明功、明义，戮力辛勤，苦心经营，募资修庙，诚昭日月，善男信女，共襄义举，乃重建丘祖殿，恢复老子殿，再塑神像，添置法器，铸造神钟宝鼎，历时一载，诸般功德终告圆满，千年古庙焕然一新，清音心香永赖天晖，砻石为记，以励来者。学士张坦撰文，李明书丹，山东嘉祥工匠杜运兵镌。

己卯年夏涂山禹王宫立

[注释]

该碑 1999 年立，坐落禹王大殿前。碑文为编者抄录。

朝禹路碑记

公元一九九五年十月十七日，香港青松观侯宝垣、陈霖生、区穗科、邱德晋、麦子飞、王伯坚诸先生，由中国道教协会谢宗信会长陪同光临怀远。次日登涂山朝禹王，感禹王治水功在万世，遂慷慨捐资人民

币五十万元，重建朝禹路。路长四百米，宽二点四米，于一九九六年三月五日始建，同年七月八日竣工。由蚌埠市兴亚建筑安装工程有限责任公司施工并出资建碑。

公元一九九六年七月十日怀远县涂山禹王宫立

舄渚张超书丹并刻

[注释]

该碑在朝禹路歇马亭下，由篆字书写。碑记根据拓片翻译整理。

重勒南宋有夏皇祖之庙碑后记

大哉禹功，万古流芳，汉初高帝立禹庙以镇涂山，名禹王宫，又称涂山祠，唐狄仁杰毁淫祀二千七百余所，惟禹庙犹存。鼎盛时有九殿十院，檐牙交错，气象峥嵘。南宋庆元初年，州守刘仲光自造碣石，镌刻“有夏皇祖之庙”六字立于庙中，是为涂山历代著名石刻之一。据明洪武八年文学家宋濂《游涂荆二山》记所载，历经战乱，禹庙仅余颓垣破础，辛斯碑尚存，惜于清康熙七年，毁诸于地震，迄今已逾三百余载。欣逢盛世，春满神州，开发涂山景区，荟萃当代名家题刻，选勒历朝重点碑记，歌禹绩，颂涂魂，再现历史文化名山之辉煌，诚为精神文明建设盛举。今蒙德高望重之北京大学书画研究会会长、八旬翁陈玉龙教授惠书入石，俾使古老历史名碑再焕新颜重矗山巅，彰明禹王宫兴华夏儿女亲情，籍以勖勉后人慎终追远寻根祭祖缅怀先人功德，绍承前贤遗绪继往开来发扬而光大之。是为记。

蚌埠市淮河碑林刻石　公元二零零一年三月苗务寅书

[注释]

该碑在禹王宫山门前，碑记文字为编者抄录。

禹王宫镌刻岣嵝碑记

岣嵝碑，亦名禹碑、禹王碑。岣嵝山铭，传为禹王衡山摩崖石刻之记功碑，碑文七十七字，形模奇异难识。周代文字已经有此石刻古篆。唐代韩愈、刘禹锡有诗咏之。宋人何致游南岳，临摹制碑于湖南长沙岳麓山，九行，末空四字，镌以楷书“右帝禹刻”。明武宗正德六年(1511年)，状元杨慎破译勒石于云南安宁。相继摹刻传世者有四川北川、江苏南京、山东黄县、陕西西安、浙江绍兴、河南开封，以及江西紫霄峰等名山胜地。

怀远涂山乃尧舜时涂山氏国都城所在。《世本》:“禹娶涂山氏之子，谓之女娲，是生启。”禹墟即大禹故居和禹“自涂山而会诸侯大政立焉”之地，台桑系启王所生处。《史记》曰:“夏之兴也以涂山!”准此。涂山不啻华夏长河重要源头。蚌埠市人民政府决定开发建设涂山风景区，从一九九九年开始，逐步把淮河碑林建成风景区内一大历史人文景观，镂刻禹碑贞珉，弘扬大禹精神，缅怀祖先功德，勉励后人奋进，实为盛世修文之义理。迭经陕西书家王安、王祺祎襄助，西安碑林博物馆赠予清康熙丙午(1666年)毛会建所刻五行体拓本精品，杨慎、沈镒、杨廷相三家译文备载其中，诚为大禹遗文金石之冠。市政协王佩和水利部治淮水利委员会赵武京、唐元海悉心关切，筹措资助，由歙县徽城美术工艺厂承制，安徽石雕艺术家方钦树、方忱霞操刀入石，俾使“中华第一碑”屹立禹王宫中，以俟华夏儿女重加赏识，供中外专家学者探讨禹文化赏析。

淮河碑林刻石

附：杨慎岣嵝碑释文

承帝日咨，翼辅佐卿。洲诸(渚)与登，鸟兽之门。参身洪流，而明发尔兴。久旅忘家，宿岳麓庭。智菅(营)形折，心罔弗辰。往求平定，华岳泰衡。宗疏事裒(póu)，劳余神禋(yīn)。郁塞昏徙。南渎衍亨。衣制食备，万国其宁，窜舞永奔。

[注释]

该碑在禹王宫后院西首。碑记为编者抄录。

禹王宫送电碑记

淮水之畔，荆涂二山滨淮雄峙，巍巍壮观，又因禹娶于涂山，启诞生于涂山，禹会诸侯执玉帛者万国于涂山，大禹治水三过其家不入其门于涂山，封建世袭开端于涂山，南音楚辞干支纪日始于涂山，而被司马迁概之“夏之兴也以涂山”。雄踞涂山绝顶的禹王宫，创自汉代乃高祖刘邦敕建，迄今已近二千二百载。时光飞逝，岁月如歌，华夏文明空前发展，人民生活富庶安康。然，华夏圣祖面对的仍是青灯一盏，照亮圣殿的依旧是日月星辰，而非现代文明的灯光。公元二零零二年，时涂山脚下蚌埠供电局市郊上洪供电所员工，在刘兆明、石全昌带领下，缅禹功仰英灵，以禹的精神，愚的斗志，战高温斗酷暑，炸石凿洞，人拉肩扛，竖立线杆二十根，架起银线三华里，电能直送山之巅。禹王宫，风拂宝炉腾瑞气，山增亮点景添辉，禹王自有圣祖神，今立电业功德碑。

夏德林撰文　高庆林主办

公元二零零二年十月一日涂山禹王宫立

[注释]

该碑在涂山主峰西南朝禹路旁，碑记为编者抄录。

禹王宫饮水工程碑记

涂山古历史名山，大禹会诸侯于涂山，夏朝第一代帝王启的出生地，后人称为圣地。涂山双峰峻耸，瞰淮矗立，绝顶处有千年古庙禹王宫，皖北第一道观，庙貌庄严，道观清幽。今逢盛世，人民政府和善男信女，献善心捐资助庙，庙宇得以继修和重建。今有善人朱长熬、孙敦清，祖居怀远县古城乡新淝村，师徒结缘于涂山，与禹王宫共同出资，将圣泉水引送庙中，解决了千年古庙饮水之困，功德无量，特立碑为记。

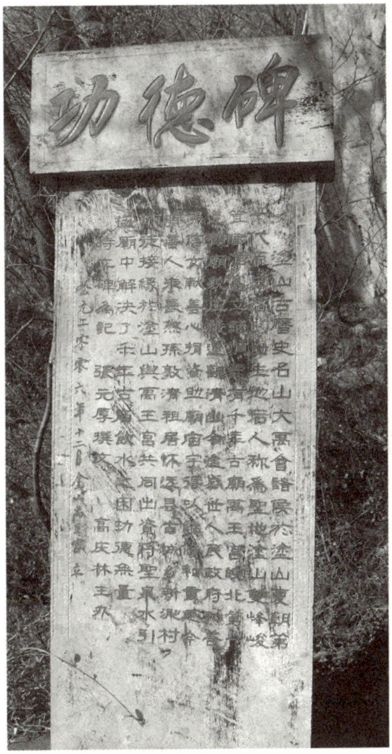

张元厚撰文　高庆林主办

公元二零零六年十二月涂山禹王宫立

[注释]

该碑坐落在禹王宫西下圣泉旁。碑记标题为编者抄录整理碑文时添加。

道长李永德墓塔记略

涂山古名山也，高耸竣秀，雄峙淮滨。山巅有禹庙，为汉高祖刘邦崇禹平水土之功而建，叠经兴衰。公元一九四二年，有道士李永德者住持兹山，爱国爱教，素守清规，谨以祖师慈俭让为教诲，以医道济世于民，一生殚精竭虑，经五十年艰辛努力，使庙得以保存，并被确定为安徽省重点宫观、重点文物保护单位，享誉国内外。感永德道长操守均佳，深受道众和人民敬仰，为使后人永垂李永德之功德，由禹王宫管委会倡议建墓塔以纪念。旨在继承李道长遗志，弘扬大禹治水精神，振兴中华道教，恢复涂山禹王宫全貌。善男信女，纷纷响应高庆林等倡议，捐资建塔。塔高九米，由沈万平、圆厚设计，河溜建工队承建，宗洼村方诗林等捐资树碑。公元一九九七年九月十二日动工，同年十二月三十日事峻。

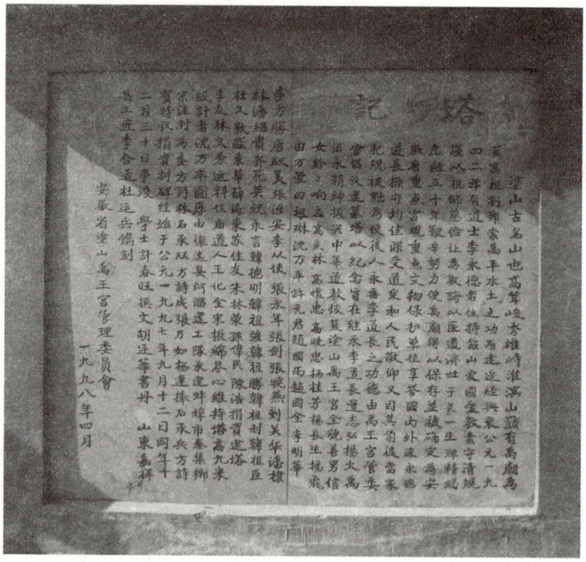

学士计春旺撰文，胡廷华书丹，山东嘉祥县工匠李合适、杜运兵镌刻。

安徽省涂山禹王宫管理委员会

一九九八年四月

[注释]

该《塔记》为禹王宫住持李永德墓塔记。捐资修塔、竖碑、运料者名单略。《塔记》碑刻镶嵌在墓塔壁侧。《塔记》为编者抄录整理。

道长张元厚碑记略

涂山，禹会诸侯之地，古淮南道名山也。双峰峻耸，瞰淮而立。禹王宫，汉高祖敕立，庙堂庄严，道院清幽，香火绵延，名播淮上。光绪十四年，始祖吴复始，传入全真道教。经“本、合、教、永、元、明”等辈，今传十九代，居士信徒遍及涡淮城乡。有元辈道长张公，道途坎坷，矢志不移，诚昭日月，誉载涂山。

张公者，讳字力，道号元厚，一九三六年生，祖居老子故里涡阳。两岁抗战爆发。三岁随母乞讨。母无力养育，将其舍于涂山禹王庙。公入庙，呀呀学语，蹒跚挪步，师从李永德道长，与同龄者嬉，知师祖、师父、庙堂，不知其有父母家乡也。稍长，习老庄，演道礼，敏而好学，通达事理，众皆爱之。公十岁有三，怀远解放，离庙荷锄，呵牛耕墒。春去冬来，自食难养。政府爱怜，遂将收养。公铭永德师训，昼勤公务，夜读夜校。十年寒窗，拼搏上榜，喜进省城，安大学堂。学成回怀，淡泊名利，上下赞扬。花

甲之年，受命返山，出任道长。公胸中有道，洒数载心血，广结四方道缘，善谋八方香火。白手起家，建老君殿、三官殿、吕祖殿，修禹王殿、启母殿、玉皇楼，塑禹王、启母、皋陶、伯夷、老子等三十余尊塑像，筑通天朝禹石阶路，造李永德巍峨墓塔。三赴江浙，五奔芜湖，谋神钟宝鼎，铸香炉响磬，涂山晨鼓暮钟，禹庙大展辉煌。

弘道教，公之痴心，怀远路人皆知；守庙堂，公之痴情，涂山村村难忘。

一九九八年严冬，气象预报翌日晴空万里。神钟宝鼎运抵涂山，风云变幻感动上苍。漫天瑞雪喜降大地，数月旱魔瞬间遁惶。大陆《珠城周末》、台湾《桃园观光》竞相报道，奇闻远播，海峡两岸道家褒扬。

公之一生，惟崇一道。病危之际，尚念庙堂。二零零八年元月十七日飞升云霄驾鹤而去。涂山民众冒雪送别张公，赞曰：公之功德，海之无量；魂系禹庙，青史流芳！

李焕俭 祝永言 高庆林撰文 邵华杰书

涂山禹王宫立

二〇一〇年清明

[注释]

该碑在涂山李永德墓塔旁。

第二节　禹帝行祠碑记

明嘉靖年《重修禹帝行祠并桥记略》[1]

禹帝行祠，亦曰禹帝庙。清（嘉庆）《怀远县志·祠祭志》载：禹帝庙“在南蜀村，盖即古时禹会村也。祠建于宋延祐戊午年[2]。自明迄今，迭有修葺”。

明嘉靖年《重修禹帝行祠并桥记略》曰：“大禹行祠建于南蜀村，成化戊子年重修，久而倾颓。又祠外有桥，东直濠梁，西连汝颍，近被洪水冲塌，行人不便。嘉靖壬子年仲春月，信士刘仁、蔡珊、张钦等协同四境人民义赞资财，将祠桥折旧鼎新及铸鸣钟一口，上助神威，下警耕耘。恐无以传后，刻石记之。嘉靖壬子孟夏朔旦。”

[注释]

①明（嘉靖）《重修禹帝行祠并桥记略》源出清（嘉庆）《怀远县志·祠祭志》。文中标点符号为点校添加。

②经查阅史料，宋朝无“延祐戊午年”；元朝有“延祐戊午年”，即延祐五年（1318年）。故“禹帝行祠”始建于“宋”或“元”尚待考。

清康熙年《重修碑略》

国朝康熙年《重修碑略》曰:“涂之南一成许曰禹村,又三十里许则有是庙。当年樏苹所至之地,后人辄构堂肖像而追祀之理也。考怀志与前人之勒石,创自有宋延祐间,重修于明之成化壬子,恢于大清康熙庚申,规模垂数百年。其居人之聚族氏绵子孙者二百余户,岁时伏腊咸奉是庙,以为祈报焉。庙当烟村断续间,与石涧户相向。尝从二、三友人操觚搦管于西庑下,一龛霁月、满案霜风。恍若昨日事,忽不觉四十稔。星移物换,羽士云亡,而庙且日见倾圮矣!诸父老毅然去故而鼎新之,捐金者、输粟者、伐木为栋者、负薪为陶者、荷畚锸以曳涂泥、挟壶餐以犒工师者,欢腾拮据,协力同心,无何而聿观厥成。前此殿之左右环坐而杂处者,皆神焉。是役也,一举而空之,独升帝座而妥其灵礼也。后之君子得是意而嗣续之,毋靳施予而坐视颓靡,毋多觊觎而擅增像设,岁时伏腊以聚族氏,以绵子孙。行见神降之康,三时不害。如书所云“平成永赖”者,吾知历万世而仰止弥新也矣。康熙二十二年岁在癸亥阳月上浣之吉。”

[注释]

清(康熙)《重修碑略》源出清(嘉庆)《怀远县志》。文中标点符号为点校时添加。

康熙年又《重修碑略》

康熙年又《重修碑略》曰："禹帝庙由来久矣。康熙六十年纠首张彬、张士亮、刘廷相、朱琏、蔡克振、张彩、张郁、周礼、殳加瑞、何僎然等见其栋折榱崩，约本方善信捐金输粟，不数月而聿见厥成。勒石传后，愿后之人体此意，见有摧残，即为补葺，勿令神失所依，人生慨叹。康熙六十年岁次辛丑嘉平月。"

[注释]

该《重修碑略》源出清（嘉庆）《怀远县志》。文中标点符号点校时添加。

乾隆年《重修碑略》

乾隆年《重修碑略》曰："禹帝行祠，自有明嘉靖至我朝康熙六十年，代有重修。乾隆九年庙前创戏楼一座。二十年来未经修理，庙宇不无损坏，神像亦多倾颓。诸父老不忍坐视，众善信竭力捐资整顿维新。饬材鸠工积劳历年，计费二百余金。刻石以劝善，所有未就，俟后贤之继志云。乾隆三十二年十一月。"

[注释]

该《重修碑略》源出清（嘉庆）《怀远县志》。文中标点符号校时添加。

嘉庆年《重修碑略》

嘉庆年《重修碑略》曰:“南蜀村自宋延祐间创建大禹行祠,前人历多润色。年来风雨摧残,渐就倾颓。诸父老率羽士募化,众姓捐资,庙貌更新。功之成为纪于石。嘉庆元年仲冬月。”

[注释]

该《重修碑略》源出清(嘉庆)《怀远县志》。文中标点符号校时添加。

第三节　崇伯观碑记

清嘉庆《怀远县志》载:"崇伯观,鲧庙也。在涂山西麓。苏轼《涂山》诗自注云'下有鲧庙',则其创建在宋以前矣。旧府志云:'吴元年建,洪武二十八年修。'旧县志云:'每岁仲春上丁,有司致祭'。"

明景泰年《重修崇伯庙记略》

景泰年《重修崇伯庙记略》曰:"涂山在长淮东,禹有涂山之会,至今建庙于上以崇祀事。国初于山之麓又建崇伯鲧之庙,以道士王道诚守之。不久辄废,其弟子李道复复缮完之。历岁之久,缔构像设不能无阙遗。景泰改元,太守仲侯至,兴废举坠,倡僚属捐己俸,择日鸠工,命道会钱木庸董其事。木之朽者易之,瓦之刓者代之,墙壁之剥者塈之,缺者完之。经始于是年八月,越明年五月讫工。复举道士张得诚为住持。禹平水土,其功之大庇乎斯民者,若天覆地载,万世永赖。因禹之功立鲧之庙,厚伦重本之道也。侯名闵,字希曾,保定人,发身贤科,授淮安府同知,擢今官。景泰四年冬十二月初吉南京通政使司左参议广阳李震撰。"

[注释]

该《重修崇伯庙记略》源出清(嘉庆)《怀远县志·祠祭志》。文中标点符号为点校添加。

正德年《重修崇伯庙记略》

正德年《重修崇伯庙记略》曰："崇伯之庙建于涂山之下淮水之东，盖因禹之功而隆鲧之祭也。此庙肇兴，历世既远。皇明洪武初年开设道会司于兹，以道士李道福守之。景泰改元，郡守仲公复修葺之。及今，岁月既久，庙貌圮坏，道会韩希岫、郁永裕苦行修持，复得善信义官刘鉴、石錡以为纠首，遍求施者各捐己资，于是鸠工市材，前后殿宇两廊俱更新之。旧庙向南，山水非其所宜，遂改以朝西，封荆山、面淮水，风气完固。经始于正德五年庚午，告成于乙亥之春三月。邑庠陈生周谒余为记。时正德十二年仲春吉旦南京户部主事无锡陆礼撰。"

[注释]

该《重修崇伯庙记略》源出清（嘉庆）《怀远县志·祠祭志》。文中标点符号为点校添加。

嘉靖年《重修崇伯庙记略》

嘉靖年《重修崇伯观记略》曰："淮之东涂山足冈陵之上、涧壑之间有地仅亩，而庙建于上焉，所以崇崇伯之祀也。维昔崇伯违命，功用弗绩，神尧怒而殛之，罚弗共也。曷为庙？夫崇崇伯之祀，所以崇崇伯子之孝思也。涂之巅，神禹庙焉。禹庙之设，缘禹功也。鲧庙之设，缘禹庙也。庙旧立于山水之趋，易于倾圮。道会郁永裕苦行以作新之，而鸠集辅翼之者，则义官刘晟、乡老石友当也。予尝率门人读书于中。永裕以庙功成，以文求予书诸石以励观者。嘉靖十五年仲春，邑人杨时秀撰。”

[注释]

该《重修崇伯庙记略》源出清（嘉庆）《怀远县志·祠祭志》。文中标点符号为点校添加。

第四节　元武庙碑记

明弘治年《重修元武庙记略》

弘治年《重修元武庙记略》曰："庙在涂山之椒神禹祠后。岁久颓甚，祀事弗共。住持许常山叩大家徐崇义而图之，即倡苏錞、彦和共捐己资，且募檀施，各以资助。于是，庀工度材，维良维坚。方兴造，祠前石池旱涸，工曰不足于汲矧能埴。崇义复率众祷之，雨而晴、晴而雨者五，用竭寻溢。殿成，中塑真武，列以侍卫，左右设天师帝君像，金碧辉映，视昔有加。经始于弘治庚戌之春，越明年九月事竣。余闻真武者，北方黑灵无冥之神也。其星虚、危，其象龟、蛇，危上高，旁下如盖，故类龟；虚上下如连珠，故类蛇。合二者之名曰'元武'。自昔祠官、方士往往先焉。宋避讳，易元为真。其祠祀遍天下。道书云，北极虚皇以王子之贵修积至行居，均之武当。前之龟蛇，实其体象。武当跨荆、襄之会，有逍遥、翠华、三公、五老诸峰，又有龙湫、虚若清洋之涧、白云之洞。而涂山雄峙淮滨，嵚崟突兀，映凤池之宝光，拱中都之龙脉。其形势胜壮，殆与均争高，真神明之府也！吾知虚、危之垣，声光灵异，必恒于斯而昭昭不掩焉。是为记。弘治乙卯年五月吉旦，邑人陈珏撰。"

[注释]

该碑记源出清（嘉庆）《怀远县志》。文中标点为点校添加。

第五节 无量殿碑记

清乾隆年《重修无量殿碑记》

盖闻维摩说法，万万恒沙。萨埵翻轮，生生世界。优波提舍，广普渡于无边。祇夜修多幻，牲空于有象。涂山无量殿者，创自前明，对峙禹庙。孤峰类削，云连荆岫千林；危殿凌虚，槛俯淮澜万顷。洵招提之胜境，选佛之名场。无如岁月屡更，禅宫销歇。孤僧独往，鸟啄罘罳。游客慵来，苔封屃赑。风霜剥蚀，难留弥勒之楼；烟雨消磨，仅有蒲团之地。辛赖好善宰官，乐施信士。因心种果，大结欢喜之缘；以福为田，广植菩提之树。念和尚辛勤托钵，不教虚费草鞋钱。为庄严次第开光，兢願广施功德水，各出涓埃之惠，共襄土木之功。丹青再焕，黝垩重辉。铺给孤大地黄金，结七宝青莲之座；聚生公点头顽石，垒三层白玉之台。桂栋兰楹，不异仙楼。十二层轩高阁，能容宝座三千。月色净上方，僧是当年慧远；钟声闻夜半，客游此地寒山。是为记。乾隆四十二年，岁次丁酉孟夏月。

[注释]

该碑记载自清（嘉庆）《怀远县志·祠祭志》。文中标点符号为点校添加。

无量殿，又称灵岩寺，坐北面南，与涂山禹王宫并峙于霄汉间，是建于山峰顶端的古寺，在淮河流域的佛教史上有着重要的地位，也是文人墨客登临怀古，饱览涂山、淮河壮丽风光的好去处。清末民初，因自然灾害，众僧相继到九华山修行，寺庙交禹王宫管理。20世纪50年代，住持道士又离去。无量殿无人管护，寺庙殿堂倒塌毁坏。

第六节 洪君庙碑记

清嘉庆年《重修洪君庙记略》

盖闻：忠义之臣人皆仰之，奸臣贼子众皆恶之。所谓褒善贬恶也。怀邑涂山东麓夹谷［老营］盘之北岗，有洪君庙焉。洪君系本县人。宋末，知镇巢军洪福也，为夏贵部［将］。考之《宋史》《纲目》《县志》所载，当宋季，贵为安抚制置使，城于荆山，为北路之保障，以遏元兵。既而元兵入境，贵以全军而降之。福率其二子大源、大渊皆尽节焉。故《纲目》云："贵以淮西叛，降元，知镇巢军洪福死之。"此所谓褒忠义贬奸贼也。土人感其忠义，创草庙一间，以木主祀之。嗣后，改造［主］殿三间，殿后又创大殿三间，供奉神禹大帝。国朝乾隆五年，有住持僧人王姓（失其名），捐资创造西廊房［三］间，供奉白衣大士。嗣后修补，未致倾坏。不料乾隆五十一年七月初三，被怪风［刮］，前殿毁坏，砖木损伤。今有善者王得成，发愿募化得钱四十三千零，又捐二十五千，凑合购工重修，并创造东门楼一间。后又率子王烈、焘鸠工，捐钱四十六千，装修大殿神像，并西廊房神像，又痘疹神像，焕然一新。既［与］善士贾相德募化钱十六千，易洪［君木］主，塑其父子神像、牛王像、火祖大帝神像。其庇荫宁有穷呼？兹告竣之余，述其源委，勒诸贞珉，俾后之善者源源不绝，不特忠义炳如日星，即葺斯庙者亦相与并垂不朽矣。

住持道士张全昭书

清嘉庆元年　五月　谷旦

[注释]

碑文根据拓片整理，标点符号和中括号中碑文缺字为另加。该碑高 1.5 米，宽 0.5 米，原镶嵌在洪君庙大殿山墙中。该庙解放后改为涂山小学，因年久失修，20 世纪 90 年代洪君庙大殿被拆除。该碑今断裂两截，先后被移至大禹、禹润山庄等地。

第七节　文笔峰碑记

清乾隆年《重修文笔峰碑略》

乾隆年重修文笔峰碑记略曰："学宫脱脉于荆麓，自云龙冈迤逦盘折而下，碧溪玉带环其左右。遥望涂峰积翠，淮水拖蓝，诚胜境也。然以山势蜿蜒，未能矗立。揆诸五行，金、水、土之形居多，而木、火不足。明万历年，义民何极精青乌术，爰于小涂山巅特立一峰，以补其缺，号曰'文笔'，载诸志乘。合邑文风所关，昔年人文之盛以此。后久倾圮而登科第者遂罕。邑廪生杨君廷瑶倡议复建，嗣是，二十余年间，掇巍科者接踵。迩年来，霖雨漫漶，石泐壤坼忽焉其颓。杨君令嗣如兰、新兰承先志，与邑绅魏君维烈、维琪、杨君步超、士纬、元亮、何君士泰、方君贯一，谋所以复建，互相赞成，远近好义者争响应焉。邑侯周公复为申谕以兴徒役。杨子兄弟躬督其事，鸠群材、庀众工，仍旧址筑而增之，虚其中，以应离象。层列七级，洞开朱门，经始于辛亥之孟夏，越三月告竣。计峰高六丈有奇，侵云逼汉，控引荆、涂，巍巍乎与学宫辉映，洵足以补天工、称巨笔矣！予闻通三才之谓儒，故相阴阳、卜瀍涧地理之说，圣贤不废。矧学宫重地，人才风化之所从出，而培补形胜，可勿务欤？且天事之待补于人才者何限？即人事之待补于斯文之笔者又何限？从此五形之秀蔚起人文，辅翼鸿猷、昌明经术，必有操巨笔者出而应之，而岂徒区区焉工文藻、掇科第已耶？诸君子其踊跃濯磨，以奋兴于学必无负建峰意也。怀远县儒学教谕截取知县张轴撰，邑庠生杨士纬书丹，乾隆五十六年仲秋谷旦立。”

[注释]

乾隆年《重修文笔峰碑略》源出清（嘉庆）《怀远县志·学校志》。碑文标点符号为点校添加。

第八节　《大禹铭》碑记

大禹铭碑文

涂山苍苍，淮水泱泱。

天生大禹，兴我国邦。
位接尧舜，道承炎黄。
奠基华夏，文明曙光。

继鲧治水，导淮疏江。
胼手胝足，披星履霜。
三过不入，家我两忘。
水土平成，德被万方。

宾服四夷，混一八荒。
大会诸侯，玉帛冠裳。
礼乐化民，箫韶辟疆。
刑德理政，鼎铸宪张。

娶妻涂山，通之台桑。
生子曰启，是为夏王。
开国立朝，始称小康。
涂山兴国，凤翥龙翔。

民族圣山，在吾淮乡。
弘扬禹魂，弥繁弥昌。
伟哉大禹，功业辉煌。
神哉大禹，万古流芳。

[注释]

蚌埠大禹铭碑文，甲申（2004年）中秋立。

第九节　墓志碑记

孙叔敖墓志略

楚相孙君，讳饶，字叔敖。君受纯灵之精，怀绝世之材，有大贤次圣之质。少见枝首蛇，对其母泣："吾将死。"母问其故，曰："吾闻见枝首蛇者，死。今日见之。"母曰："若奈之何?""吾杀之，行数十步，可空复令他人见之死为!因埋掩其形。"母曰："若无忧焉。"其阴德玄善，遂为父母九族所异。及其为相，布政以道，考天象之度，敬授民时。聚藏于山，殖物于薮，宣导川谷，波障源泉。灌溉沃泽，堤防湖浦，以为池沼。钟天地之美，收九泽之利，以殷润国家。家富人喜，优赡乐业。式序在朝，野无螟蜮，丰年蕃庶。……病其临卒，将无棺椁，令其子曰："优孟曾许千金贷吾。"孟故楚之乐长，与相君相善，虽言千金，实不贷也。卒后数年，庄王置酒以为乐。优孟乃言孙君相楚之功。即慷慨高歌曲曰："贪吏而可为而不可为，廉吏而可为而不可为，贪吏而不可为者，当时有污名，而可为者，子孙以家成。廉吏而可为者，当时有清名，而不可为者，子孙穷困，披褐而负薪！贪吏常喜富，廉吏常苦贫。独不见楚相孙叔敖，廉洁不受钱。"涕泣数行，王心感动，觉悟。问孟，孟具列对。即来其子而加封焉。子辞，父有命：如楚不忘亡臣，社稷图而欲有赏，必于潘国下湿硗埆，人所不贪。遂封潘乡。

[注释]

孙叔敖（约前630—前593年），字孙叔，名敖，楚都郢人。辅佐楚庄王施教导民，宽刑缓政，发展经济，政绩赫然。其主张以民为本，止戈休武，休养生息，使农商并举，文化繁荣。因孙叔敖出色的治水、治国、军事才能，官拜令尹（宰相），辅佐庄王雄起南方，楚国跻身“春秋五霸”。芍陂（今寿县安丰塘）即孙叔敖兴建。因积劳成疾，孙叔敖病逝他乡。

司马迁在《史记·循吏列传》列其为第一人。毛泽东主席在视察淮河时多次提到孙叔敖，说他是一个了不起的治水专家。

孙叔敖墓，坐落禹会区老贯徐村东（九龙集村北）。明《凤阳府志》载：“涂山东尽处孙叔敖墓是也。”清嘉庆《怀远县志》载：“马牙山又东，有小山曰石虎山……其东三里许越涧(宋家沟)起小石山，孙叔敖墓在其北。”

杨应聘墓志铭

通议大夫兵部左侍郎　赠兵部尚书杨公墓志铭：万历庚申三月七日，吾师兵部左侍郎楚璞杨公卒于京邸。时三品已满秩，未及考疏。闻天子，念公疆圉功特，補给应得，诰命增兵部尚书，仍加祭一坛，遣官治窀穸，盖异数也。其明年，为天启改元，卜于八月三日，葬公于涂山之麓。嗣子景旭以状来征铭，且曰：公遗命实云，体仁发亟泪下不能止，因忆总角为童子试时，辄受公奖拔。戊戌礼闱，复幸出门下。通籍以来，竞竞不至陨越，以有今日，伊谁之赐，而九原已不可作矣，呜呼痛哉，奚忍铭公？然公居恒若，谓孺子可教，而鸿猷骏烈，得于睹记甚真，述前媺以诏来，兹史氏职也，又奚忍不铭公？公讳应聘，字行可，楚璞其别号也，杨先世为浙槜李人，国初有子春公者，应徙实中都，遂受廛为怀远人。以长子镛贵封浙江参政，次子铣生成，成生宾，官汤溪教谕封南京户部主事，宾生佥宪公时秀，时秀生太学逢辰，是为公祖父皆赠如公官，祖母徐、母段俱赠淑人。公生而颖异，年十六补博士弟子员，声隆隆起，宪臬史公邦直有人伦鉴，一见辄以大器期之。万历己卯举于乡，癸未成进士，授乌程令，初下车，延见士绅父老，询地方利弊，因与约曰：令自饮水而外，不以累吾民也。一蔬一米，必平价而后入。异时，铺行供应之烦扰，钱谷出纳之陋规，为之一洗。两造毕陈，片言立剖，情有可矜，鞭蒲而已；至惩奸剔蠹，斤斤三尺不少徇，豪右不寒而栗，吏胥抱牍植立，无敢上下其手者。终岁不遣一隶卒下乡落。然勾稽必如期而至，岁赋必先期而登。他邑效之莫及也。丁亥，大水。屏驺从，躬行阡陌间，煮粥赈谷，全活不可胜计。有某甲者，诡名饥民籍中，来受谷。公睨之曰：“而非某也耶？数月前曾争售某氏产，讼牒犹可覆，而一贫遂至此耶?”其人搏颡叩服，一时称为神君。戊子，以治行高第征。士民攀辕卧辙，车枳不得进者累日，已拟兵垣为忮者所尼，仅添注车驾主事，潞王就国奉命护行，极力节制，道无绎骚。未几，调职方寻晋郎中。癸亥，以内艰归服阕，再补职方。会逆哱倭奴播酋，先后窃发羽檄，旁午聚讼盈庭，公悉心调度动中机宜，或一日部覆至数十疏，书者环立待命，口占手画，若出夙构，凡将材良楛，士马强弱，关塞坚瑕，敌形倚伏，一一指掌，虽亲历其地者，蔑以过也。东封议起公策，其必败。大司马东泉石公偏听奸弁，沈惟敬力主之，卒以误国下诏狱公往省视，含泪谢曰：“不用公言，宜有今日。”左司马克庵李公倚若左右手。时铨部功郎缺，咸推毂公，左司马奋然曰：清通简要，信无如杨公，顾安得復有一杨公了此职方事乎，遂不果。其见委重如此。公尝念边事败坏，繇债帅为之祟，故巨珰权贵居间之窦，一切谢绝，虽一时无以难公，而东事底平公积俸且八年余矣，调旨仅予五品京堂叙用，升光禄寺少卿，识者扼腕不平，公如弗闻也者，而安之。辛丑，奉使入蜀。癸卯，再丁外艰，遂绝意仕进，葺所为无构园，觞詠其中，又逾河卜筑一室，曰“古涂乐丘”。家食几十年所，而海内仰之，若景星庆云。以出处卜世道之安危。壬子特起太仆寺少卿，两巡东路马政营，弊肃清，歌駷牝者不啻三千也。癸丑，晋右佥都御史，巡抚宁夏。时套酋吉能恃其部落强盛，要挟八年，市赏公曰：犬羊无厌，非大创之，虽款不坚，而内顾兵饷两诎，未可以战，戒诸将毋轻动，一面传谕各酋宣布：朝廷恩威，怵以利害。阳示羁縻之意。于是发粟赈荒，以防逋啸，开山引河，以兴屯利，筑堡缮障，以联声援，刊浮费，搜羡余，以佐军需，严斥堠，远间牒，以勾虏情。日讨将士而训练之，懦者汰，材者擢，赏不遗下，罚不贷上，人人感奋，未逾年而旌旗壁垒皆变，朔方屹然金汤矣。乙卯秋，吉能以要挟觖望，纠众七路八犯又胁我，款酋合收气乘机犯清水，公亲临行伍，料敌设奇，遣将文焕如蕙等或遏其前，或蹑其后，或张左右翼夹击之，追奔数十里，斩首二百四十有奇，而合收气亦失利遁去，人谓是役也，振绝塞积弛之气，寝狡虏深入之谋，方之南仲方叔无愧色云。丙辰秩满，擢右副都御史，照旧巡抚。丁巳晋兵部左侍郎兼右佥都御史，总督三边军务，公在镇日久，益习虏情，伪张弛变化，人莫能测，虏小入则小创，大入则大捷，败吉能于柏林，又败之于建安，败沙计恩猛等于双山，败威正宾兔等于东乐，败歹成银定等于庄镇，又败之于凉州，最后援辽之役，银定乘我无备，大举入寇，而先期戒严，又败之于宁镇，前后斩首一千有奇，卤获器械马牛无算。虏相诧以为天神，匍伏输款，西陲帖然宁谧，而我得专事于建酋者，皆公力也。左司马缺，特召回部视事，大司马梓山黄公以避言杜门，奉旨暂摄部印，文案山积，昼夜捡发，数日而尽，然积劳积伤，二竖遂入膏肓矣。病既剧，犹不敢即安，飞笺走檄，从枕褥间加片版作答，报，若不知有所苦者。一日矍起，步中庭，戟手曰：奴酋未灭，死，无以报国。已沐浴正衣冠，端坐而逝，一语不及私。呜呼！所谓鞠躬尽瘁，死而后已者，是耶非耶。公体貌环硕，器宇端凝，望之知为伟人，于忠孝其天性。两遭大故，戚易备礼而茹痛，终身不衰。三品满考及期，慨然曰："主上方东顾旰食，岂臣子计功徼荣时耶?"竟不报。冰檗之操，四十年如一日。固原受代时，犹却宁夏公费三千余缗，然如胡质之清，每畏人知，平居沉静简默，恂恂若不出口；遇朝常典故，军国利害，凿凿侃侃，沛然莫御，能令听者意悚。边事绸缪，虽在间暇，如对大敌，及仓卒应变，矢石交前，而神色不动，从容指挥，成算在握。御下严整，不轻一颦笑，然程材量能，屐履之间，各适其用，寸长可录，汲汲推引如弗及，故人皆乐为尽力。时局迭更，蹊径百出，甘陵洛蜀之目，即贤者不免堕彼云雾中，而亭亭独立，超然是非之外，体仁窃谓：国朝以来，真循良无如徐句容，名职方无如刘忠宣，而经略西事，无如马端肃；杨文襄公以一身兼之，识者以为知言。乃年不竟才，位不配德。易箦之日，人亡之痛，无间公私遐迩，此足以观。公巳距生嘉靖丙辰，享年六十有五。配李氏，累封淑人。嗣子一，即景旭，国子生。铭曰：天祚皇明，锺离肇基，济济英杰，翼龙以飞，垂二百年，笃生夫子，玉质金相，渊澄岳峙，不绿不兢，允武允文，夙夜匪懈，媚兹一人，出宰岩邑，鸣琴单父，入佐夏官，折冲樽俎，哱播内讧，倭奴震邻，羽书如织，廷议龂龂，谋之不臧，谁执其咎，维公妙运，摧如拉朽，金绮三錫，持达受知，仅贰光禄，中或尼之，十载家食，烟霞杖履，舆望遄归，再起司驭。

叩曰：南仲往镇朔方，猃狁孔棘，启居不惶，我兵既厉，我糗既积，挞伐用张，执讯献馘，乃命总督，专制三陲，形于无形，敌莫我窥，如雷如霆，一月屡捷，解辫稽首，孰敢不慑，蠢尔奴酋，与天为仇，公晋中枢，克壮其犹，曷不慭遗。斯人遽萎，鞠躬尽瘁，可以无愧。国丧老成，士失典刑，增秩赐兆，生死哀荣，郁郁新阡，公神所止，令闻无穷，于千百祀。

赐进士出身中宪大夫詹事府少詹事掌南京翰林院事前左右春坊庶子谕德兼侍读侍讲　南国子司业　国史编修管理文官　诰敕分注起居门生乌程温体仁撰文

赐进士出身通议大夫兵部左侍郎前奉　敕巡抚贵州、川湖等处提督军务眷侍生颍川张鹤鸣篆盖

赐进士出身中宪大夫翰林院掌院事詹事兼侍读学士经筵日讲门下晚生山阴钱象坤书丹

[注释]

杨应聘（1556—1620），字行可，号楚璞，明凤阳府怀远县人，万历十一年进士。先后任浙江乌程县令、兵部车驾司主事、光禄寺少卿、太仆寺正卿、兵部左侍郎兼右佥都御史、总制三边（宁夏、甘肃、陕西）军务。万历四十八年，殁于任所。神宗皇帝追赠其为兵部尚书。

杨应聘墓，坐落在涂山脚下的下洪村。（光绪）《凤阳府志》载：“兵部尚书、总制三边杨应聘墓在涂山西麓。”该墓志为孟庆沄先生整理点校。

杨嘉猷墓志略

明中顺大夫贵州镇远府知府荩斋杨公墓志：予故习怀远荩斋杨公，淮北闻人，有先进风；而公之子太学君尚浑，亦纳履交予也。公卒，太学君走千里，谒予志公墓，予佩服有素，何敢辞。

公讳嘉猷，字原忠，别号荩斋，晚年自称养拙子。直隶凤阳人，其家怀远。自始祖选，洪武三年，由蒙城避乱迁也。……年十三工举子业，里中孙斗南先生故东粤名学宪，见而大奇赏，曰：吾小友也，宜定忘年交。”又曰：“峨冠丈夫，当为此童子执鞭矣!”……二十六举於乡，罢公车，游太学，与诸名士定盟结约，为太宰松坡毕公所器重……于是遂谒选，授冀州守。冀于真定称烦剧，公首问民间疾苦，讨利弊，罢行之，弗激拂挠。时税挡横甚，廉得其魁党，重笞逐，境内如洗。复自捐公费与羡羿抵税，毋遗累穷民也。渠奸万国宁拥众且百，露刃御人，白昼莫敢问，乱形成矣，杖杀之，余股栗解散。而俵马之为冀害也，积弊至一马百余金，民宁敲髓，应无谁何者。公躬自验给，减直十七八。或俵户与黠吏上下其手，罪罔赦。即片楮，不假胥役，马政肃然。盖公之於法，赏信罚必，如电如霆，无留行也。而顾煦煦子，惠人如慈媪。旱蝗害岁，人相食。公首请临德二仓粮数十万赈，畿内大吏具上报可。公循环转输，设场煮糜七十余所，日饱万众，口尝而手剂之，部署无哗。每退食，尘沙满须眉，叹曰：“身多疾病思田里，邑有流亡愧奉钱。”我之谓乎！如是者三年一日，所全活无算。……公七年于边，劳苦备至。两奏程书，十登荐剡。制抚疏上，欲酬以异数，而主爵竟以长芦鹾式处公；宦中无人，效亦可睹！……时运长为常熟瞿元立先生，先生理学名家，公与之互相祓濯，鹾政一新……公约己太廉，输公独最，大司农破例誉举示风励，而镇远太守之命下矣。生平所莅有声，凡勒碑置祠讴吟而尸祝之，在在不朽。而行古道于今时，逢世未易。公亦自此倦游归里，始终留有余不尽之意焉。家食七年，筑会景楼，读书其中，终日不移席。……所著述有《诗文全集》《传习录》《清粹录》《就正录》《逆说》《居身拱璧注》《国朝名贤纂》诸书行世。生于嘉靖三十九年辛亥七月初六日午时，卒于万历四十五年丁巳十二月二十三日亥时，寿六十有七。以万历四十七年己未十月二十四日葬于涂山之阳。

[注释]

杨嘉猷（1560—1671），字原忠，号莪斋，怀远人，明万历举人，官至贵州省镇远府知府，一生崇尚理学，与泰州王心斋、合肥蔡省谦齐名，被誉为“江北理学三人”。其卒后，曾任国子监祭酒、礼部尚书、武英殿大学士的安徽桐城人何如宠，为其撰写该墓志。

杨嘉猷墓，坐落涂山南麓、天河北岸宗洼（古名“宗家茔”）村东。墓前有石香炉、石兽等石器。该墓志铭载自清(嘉庆)《怀远县志·英贤传》。文中标点为点校添加。

石凝墓碑文

石凝字泰青，宋都总辖石兴宗玄孙也，元末自宿松县迁来。明祖兴应运从戎，才武敏捷，性仁慈恤下，八王重其雄杰，以郡主下嫁，随营荆山之麓，卜宅涂山上洪。勋在王室，尊为仪宾，禄八百石。凝公有五子，长次三幼皆从军从政，落籍他乡。惟四子石檏留居上洪，守护父陵。

石柱，凝长子也，洪武初年充御林左卫军，有智勇，洪武十三年拨充兴武卫小校战死。石坚，柱之次子也，补父职进征有功，升本旗总旗。洪武二十八年神枪得胜，选升锦衣卫中所将军，并授鄱阳卫流官指挥佥事，世袭百户。永乐十年，从三宝太监下西洋道卒。上轸恤勤劳，授世袭本卫指挥佥事。石安、石真、石浩、石澜分别在永乐十一年、宣德八年、景泰三年、成化六年相继世袭，其幼孙石玉袭年无考。

凝公原葬于荆山之麓八王营中，因国家建设征地迁葬于此。

乙未年清明立

[注释]

石凝墓，坐落在涂山景区上洪村小涂山。碑文为编者抄写。

第五章：镌　刻　篇

第一节 摩崖石刻

系马石

“系马石”为天然花岗岩石柱，坐落涂山阳坡歇马亭右上方。为古代官员进涂山禹王庙祭祀时下马的系马石。石柱阴刻“系马石”三个大字。相传，该字镌刻于明朝万历年间。四百年风雨侵蚀，烈日爆晒，石柱拦腰断裂为两截。20 世纪 90 年代，怀远工匠妙手回春，系马石断石重生，屹立涂山。

朝禹路

公元前195年，汉高祖刘邦过涂山，敕命建涂山禹庙，缅怀大禹功德。从此，登山朝觐禹王者络绎不绝，涂山出现了多条蜿蜒曲折，通往山顶禹庙的羊肠小道。这些小道名曰“朝禹路”。

风雨剥蚀，灾害频繁，古朝禹路坍塌湮灭。1995年，香港青松观道长侯宝垣等人，慷慨捐资，重修了涂山南朝禹路。该路由两段组成。下段从东海大道涂山风景区入口到涂山半腰的歇马亭(停车场)，路宽6米，长2260米，为砂石盘山路(今拓宽建为柏油公路)；上段起点自歇马亭，终点至禹王宫，长约918米，宽约2.4米，由花岗岩石坡道和陡峭的石阶梯组成。

“朝禹路”摩崖石刻，坐落在禹王宫南300米的朝禹路右侧，题写者及镌刻年代不详。

涂山古道

“涂山古道”摩崖石刻，坐落歇马亭上方的古朝禹路旁，即今“朝禹路”碑的上方。该段山路崎岖陡峭，行人难以攀登，1995 年涂山景区劈山筑路，该段山路改为石梯路。“涂山古道”隶书大字由怀远文人汤万象所书，1990 年春镌刻。

含 晖

“含晖”石刻，坐落涂山半腰的朝禹路登山古道旁。“含”指蕴含，“晖”指辉映、春晖。“含晖”行书大字为著名书法家邵华杰先生书写，怀远石工韩道成1990年春镌刻。这里山高林密，乱石丛生，风景秀丽。伫立“含晖”石旁，向南俯视，大禹会诸侯的禹会古台尽收眼底；向北仰望，涂山主峰若隐若现，云雾飘渺；纵目西观，巍巍荆山、滔滔淮水历历在目；放眼东眺，端庄美丽的启母石，端坐在涂山朝禹路旁。

候人兮猗

“候人兮猗”篆书大字，镌刻在涂山阳坡的“候人石”石上。相传“候人石”，见证了大禹与涂山氏女纯洁浪漫的爱情，见证了我国南方第一支民歌的诞生。当年，涂山氏女思念大禹，情不自禁地吟出“候人兮猗”。这支歌，涂山氏女不仅自己唱得动情，还让侍女站在这块巨石上，反复吟唱：“等候的人啊，多么的长久……”侍女站立的这块石头，被后人尊称为“候人石”或“候人兮猗”石。“候人兮猗”篆书大字，由怀远著名书法家沈济澍题写，1990年孟夏谷旦，石工韩道成熏沐镌刻。

卧仙石

(康熙)《凤阳府志》载:“(涂山)山半有卧仙石。”由此可知“卧仙石”历史久远。“卧仙石”石大平整,因其可容数人栖卧而遐迩闻名。卧仙石的石面魏碑“卧仙石”三个大字,雄奇苍劲,舒畅流丽,为涂山禹王宫李永德道长之弟、凤台书法家李世豪先生题写。李世豪之子李树荣在涂山修道时,于1985年季春谷旦镌刻。

鸳 鸯

涂山卧仙石前有两块分别镌刻“鸳”和“鸯”的巨石，又称鸳鸯二石凳。相传，当年大禹与涂山氏女相识相爱，爱坐这象征夫妻琴瑟和谐的天然石凳。石凳旁温馨的仙人床，就成了“禹娶涂山氏女成家成室”的新婚之床。鸳鸯比喻夫妻。“鸳”和“鸯”两个大字，为李世豪先生涂山朝禹熏沐题写，20 世纪 80 年代，李世豪之子李树荣精心镌刻。

聚仙台

聚仙台为涂山天然名石，坐落涂山阳坡朝禹路旁。“聚仙台”大字墨迹出自书法家王永桂之手，1990年石工韩道成熏沐镌刻。

相传，“聚仙台”为当年大禹召集群神三上桐柏山，捉拿水怪无支祁而开会议事的地方。《吴越春秋》载，禹行至涂山，“有白狐九尾造于禹”。传说九尾白狐造访大禹的地方，就在聚仙台旁。

台　桑

“台桑” 摩崖石刻坐落涂山主峰南坡。“台桑”的“台”，原石刻为“臺”，即“臺桑”。年代久远，何人书丹、镌刻无考。因“臺”有多重含义，被用于地名的“台”取代。

古字“臺桑”石刻

相传，这里是四千多年前，涂山氏女与大禹婚配，生下儿子启的地方。屈原《天问》中：“焉得彼涂山女而通之于台桑？”指的就是这里。

禹娶于斯

“禹娶于斯”摩崖石刻，坐落在涂山台桑石旁。该字由中国书协会员、安徽书协理事、著名书法家李明书丹，石工韩道成 1990 年季春谷旦镌刻。苏辙《和子瞻濠州七绝·涂山》云：“娶妇山中不肯留，会朝山下万诸侯。古人辛苦今谁信，只见清淮入海流。”相传，四千多年前，大禹在这里娶涂山氏女，从而揭开了“疏导洪水”“大会诸侯”，奠基夏王朝的新篇章。

灵官殿

“灵官殿”摩崖石刻，依山就势，坐落涂山之阳的山道旁。灵官殿为涂山古庙，祀护法王灵官。灵官赤面三目，披甲执鞭，镇守山门，司天地间纠察之职。昔日，登涂山朝禹王的香客居士，到此处均要到灵官殿敬香。

灵官殿毗邻涂山名胜启母石。由此向上攀登，禹王宫山门即映入眼帘。灵官殿毁于文革动乱。灵官殿遗址后巨石上“灵官殿”摩崖石刻，为著名书法家李明1990年季春谷旦在岩石上题写，画家顾亮现场描漆，石工韩道成精心镌刻。

涂山岩岩

“涂山岩岩，界彼东国。惟禹之德，配天无极。”出自于唐代著名文学家、哲学家、思想家、散文家柳宗元的《涂山铭》。

柳宗元，字子厚，汉族，河东解人（今山西省运城解州人），世称“柳河东”，因官终柳州刺史，又称“柳柳州”，与唐代韩愈、宋代欧阳修、苏洵、苏轼、苏辙、王安石和曾巩等，并称“唐宋八大家”。

“涂山岩岩，界彼东国。惟禹之德，配天无极。”为上世纪九十年代，怀远著名书法家沈济澍先生题写，1990年孟夏谷旦，石工韩道成熏沐镌刻。

望 夫

启母石,俗称“望夫石”。望夫摩崖石刻,位于启母石背后的巨石上。该字为书法家李世豪先生涂山朝禹时题写,20 世纪 80 年代李世豪之子李树荣在涂山修道时镌刻。相传,禹娶涂山氏女,婚后四日离家治水,一别十三年,三过家门而不入。涂山氏女引颈远眺,盼夫归来,精诚所至,漫化成石。

启母石(望夫石)系涂山著名景点,明代御史张士隆《题启母石》诗云:“亭亭独立向江滨,四伴无人石作邻。云鬟挽成千载髻,蛾眉淡扫四时春。霜为腻粉凭风傅,霞作胭脂仗日匀。莫道岩前无宝镜,一轮明月照精神。”

青 龙

道教兴起后，将青龙、白虎、朱雀、玄武纳入其神系，作为护卫之神，以壮威仪。左青龙、右白虎、前朱雀、后玄武的布局，涂山禹王宫也不例外。

青龙，为古老神话中的东方之神，道教东方七宿星君、四象之一。二十八宿的东方七宿(角、亢、氐、房、心、尾、箕)，其形像为龙，位于东方，属木，色青，总称青龙，又名苍龙。

青龙石，坐落在禹王宫山门前左侧巨石上。“青龙”二字为书法家李世豪先生题写，上世纪八十年代李树荣镌刻。

白虎

白虎，为古老神话中的西方之神，道教西方七宿星君、四象之一。二十八宿的西方七宿(奎、娄、胃、昴、毕、觜、参)，其形像虎，位于西方，属金，色白，总称白虎。

摩崖石刻“白虎”，坐落在禹王宫山门前朝禹路右侧的巨石上。“白虎”二字，为书法家李世豪先生题写，上世纪八十年代李树荣镌刻。青龙与白虎相对，给古庙增添了庄重肃穆的气氛。

旷览平成

涂山禹王宫山门西南的石壁上，苍劲古朴的隶书摩崖石刻“旷览平成”，出自清代杰出的书法家、篆刻家邓石如之手。

邓石如，原名琰，字石如，祖籍江西鄱阳县，乾隆八年生于安徽怀宁。他是“篆、隶、真、行、草”诸体具工的大书法家，并被誉为“千年以来之集大成者”。

清嘉庆九年，邓石如先生闲游涂山，缅怀大禹功绩，挥毫留下“旷览平成”墨宝，并被镌刻到涂山禹王宫西南的山石岩壁。

“旷览”即登高四望，高瞻远瞩；“平成”即地平天成。登涂山朝大禹，放眼眺望，海晏河清，万物生长，“旷览平成”意境呼之欲出。

我造彼昌

“我造彼昌”摩崖石刻，坐落距涂山顶峰不远的朝禹路右侧。该语典出《吴越春秋》(涂山之歌)：“绥绥白狐，九尾庬庬。我家嘉夷，来宾为王。成家成室，我造彼昌……”

相传，大禹情系治水，而立之年，尚未婚娶，行到涂山，恐时之暮，失其度制，乃辞云：“吾娶也，必有应矣。”乃有白狐九尾造于禹。九尾白狐就是涂山氏女。身为国君的涂山氏女，冲破不与外部落通婚的习俗，接纳了大禹入赘涂山的求婚。婚后，涂山氏女高瞻远瞩，以“来宾为王”待禹。让大禹执掌涂山氏国的统辖大权，寄以“我造彼昌”的厚望。在涂山氏女和涂山氏国的鼎力支持下，大禹治理洪水获得成功，在涂山大会诸侯，从而确立了天子的地位，奠定了夏王朝的基础。故涂山是大禹“功之所由定，德之所由济，政之所由立”之地。司马迁在《史记》中赞：“夏之兴也以涂山！”

“我造彼昌”为著名书法家李明题写，石工韩道成1990年镌刻。

安 邦

“安邦”二字，镌刻在禹王宫东南落马涧与石婆婆洼之间的巨石上。相传,“安邦”为宋元祐七年上巳日,苏轼携其子苏迨、苏过同游涂山时所书。

苏轼,四川眉山人,字子瞻,号东坡居士,北宋嘉祐年进士,诗书画皆名,为著名文学家、书法家。他擅长行书和楷书,用笔丰腴跌宕,与蔡襄、黄庭坚、米芾合称“宋四家”。苏轼在杭州、颍州、扬州等地方官任上,多次乘舟路过涡口、涂山,留有《十二月将至涡口所遇风留宿》《淮上早发》《濠州七绝·涂山》《上巳日与迨过游涂山荆山记所见》等诗篇。“安邦”,谓禹平息洪水,安定天下,河清海晏,国泰民安。

定　国

“定国”二字石刻，坐落涂山禹王宫北偏西二里许的登山古道旁。

《史记》云：“夏之兴也以涂山！”苏轼崇敬大禹，一生追求“忠君、报国、便民”的政治信念，“安邦定国”，乃颂扬大禹之词，表达了苏轼的心愿。

“定国”二字，相传为苏轼宋元祐七年春上巳日，携子朝觐涂山大禹时所书。寓意大禹治理洪水，召会诸侯于涂山，华夏一统，开创有夏之国四百余年基业。

永系天晖

永系天晖，语出晋王氏《启母涂山颂》：“仁哲以成，永系天晖。”该句寓意禹妻启母仁爱贤明，她的美德同大禹一样与日月同晖。“永系天晖”摩崖石刻，坐落涂山朝禹路旁，为著名书法家李明1990年季春谷旦在岩石上题写，画家顾亮现场描漆，石工韩道成精心镌刻。

朝 日

“朝日”摩崖石刻，坐落禹王宫山门东侧巨石上。该字遒劲有力，相传为宋人朱熹朝觐涂山大禹时所书。

朱熹，南宋徽州府婺源县人(今江西婺源)，人称朱文公，理学集大成者。朱子家训深受人们推崇。涂山对面的怀远曾有朱公祠。涂山朝日崖是旧时涂山观日出，览云海的最佳之处。登临朝日崖，北眺淮北，阡陌纵横，村舍错落，炊烟袅袅，心旷神怡；南望淮南，淮水蜿蜒，山陵起伏，云雾飘渺。“朝日”大字下，曾有十六字心传：“人心惟危，道心惟微；惟精惟一，允执厥中。”年代久远，字迹模糊湮灭。

神 禹

“神禹”二字摩崖石刻，坐落在涂山东峰西侧的陡峭石壁上。出禹王宫山门经道长墓塔东行，翻过涂山东山洼向上仰视，“神禹”摩崖石刻，即进入视野。“神禹”为歌颂大禹之辞，由著名书法家李明1990年季春谷旦在岩石上题写，石工韩道成熏沐镌刻。

圣　泉

圣泉为江淮地区著名山泉，坐落涂山禹王宫西侧的悬崖峭壁下。相传，峭壁岩石“圣泉”石刻，为苏轼元祐年间朝觐涂山所书，涂山道士精心镌刻。圣泉上近涂山禹王宫，下临淮河大峡谷，泉旁林木茂密，怪石嶙峋，环境清幽。“泉映皓月”为涂山美景之一。

灵 泉

“灵泉”石刻坐落圣泉南侧峭壁。相传，“灵泉”二字为宋宁宗庆元初(1195 年)，濠州州守刘仲光涂山祈雨时所书。

清(康熙)《凤阳府志》载：“(禹)庙西下陡峻处有泉澄滢，四时不竭，遇旱祷雨泉边辄应，故镌石曰灵泉。”清(嘉庆)《怀远县志》云：“涂山西崖有圣泉，旧志云一名灵泉。”

宋代该处建有“祷雨祠”，元代建有“圣水亭”。“灵泉”之名来源于祈雨。明朝宋濂《游涂荆二山记》载：“微径入灌莽，抵岩罅，储泉一泓，味甚甘，覆以生茨，曰圣水亭，取水以禜雨多验。”“灵泉”大字下曾有小字，记述祈雨事，年代久远，模糊无法辨认。

玉液泉

玉液泉，涂山名泉，坐落禹王宫西北三里许的登山古道旁。清(雍正)《怀远县志》载：玉液泉在涂山西北麓。“玉液泉”摩崖石刻，推算应在雍正之前。年代久远，志书史料未载，题写与镌刻者不详。玉液泉东临涂山蛇倒撑大山凹，西近玉液泉山顶，北滨淮畔小尖山。该泉清冽甘甜，大旱不竭，知名度、美誉度仅次于圣泉。从玉液泉向上攀登里许，可达涂山名石“定国石”。

雄视五岳

“雄视五岳”摩崖石刻，坐落在禹王宫山门西南悬崖陡壁。著名书法家李明题写，石工韩道成镌刻。雄视五岳典出清（嘉庆）《怀远县志·山考·涂山》：“坐镇南邦，雄视五岳，莅神圣而集冠裳者也。”

雄视为骄傲地看着；五岳指东岳泰山、西岳华山、南岳衡山、古北岳恒山、中岳嵩山。五岳是古代山神崇拜、五行观念和帝王巡猎封禅之地。涂山突兀而起，与荆山夹淮对峙，为古涂山氏国所在地。山不在高，有仙则名。当年，大禹在这里娶妻生子、劈山导淮、大会诸侯，促进了夏王朝的诞生。司马迁《史记》在中慨叹：“夏之兴也以涂山。”涂山“坐镇南邦，雄视五岳”名副其实。

龙王之

“龙王之”，又名“师姑泉”“师姑井”，坐落在黑虎山尼姑庵遗址北侧的悬岩峭壁下。峭壁上“龙王之”石刻，传说镌刻于明代。题写刻石者为附近山民。

旧时，每逢大旱，涂山东部石巷、许庄、韩塘沿等地乡绅，便组织民众扎制小纸龙，抬到“龙王之”，焚香祭拜，祈求龙王早出龙宫，播撒甘霖，拯救黎民。随着生产力的发展和抗御自然灾害能力的增强，该愚昧习俗，今已被摒弃。

“龙王之”，松柏掩映，山花烂漫，水质清冽，醇厚绵甜。置身泉畔，遥想当年尼姑取水，袅袅梵音，绵绵禅意，仿佛扑面而来。

第二节　禹庙木刻

明清时期，禹王宫历代名人赞颂涂山大禹的书法木刻匾牌、楹联较多。近百年来，由于兵燹战乱和自然灾害的毁坏，特别是“文革”浩劫，禹王宫内名家手迹的木刻匾牌、楹联被破坏的荡然无存。今涂山禹王宫各殿堂悬挂的匾牌、楹联，为当代我国著名书法家及本地书法家1990年墨宝。

萧　娴·功盖古今

匾　文　功盖古今

——萧　娴

作者简介　萧　娴(1902—1997),中国当代著名女书法家,诗人,字稚秋,号蜕阁,署枕琴室主,贵州贵阳人。中国书法家协会名誉理事,江苏省书法家协会副主席、顾问,南京市书法家协会名誉主席。

邵华杰·平成永赖

匾　文　平成永赖

——叶春培题 庚午春华杰

作者简介　邵华杰，1935 年生，怀远人，中国楹联学会书法艺术委员会委员、中国楹联学会会员、安徽省诗词楹联学会会员，怀远县诗词楹联学会副会长，书法家。

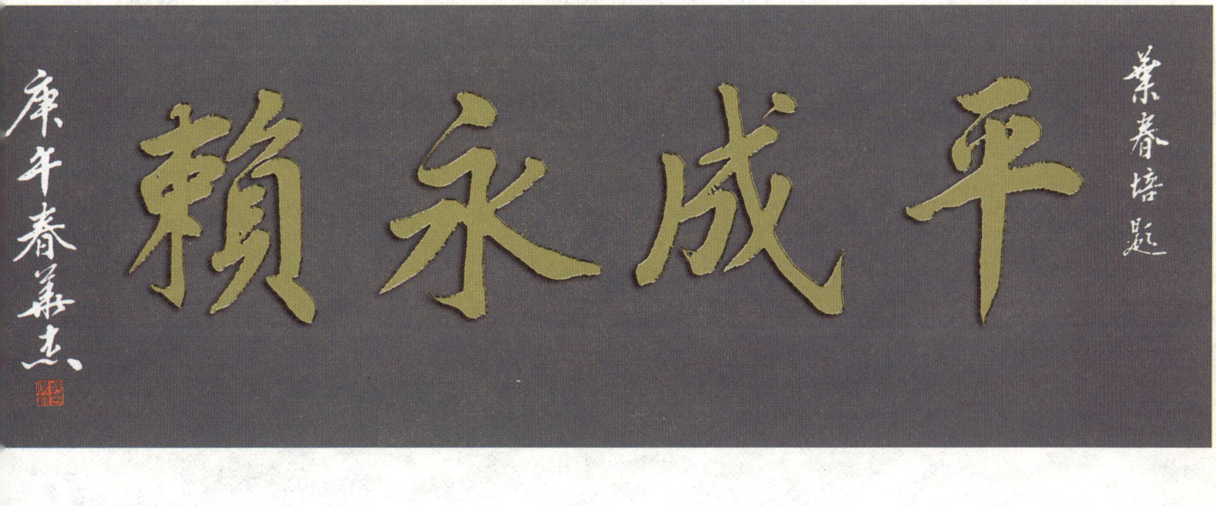

沈济澍·明德远矣

匾　文　明德远矣

——一九九〇年沈济澍

作者简介　沈济澍(1949—2008),怀远县人,安徽省书法家协会会员,书法家。

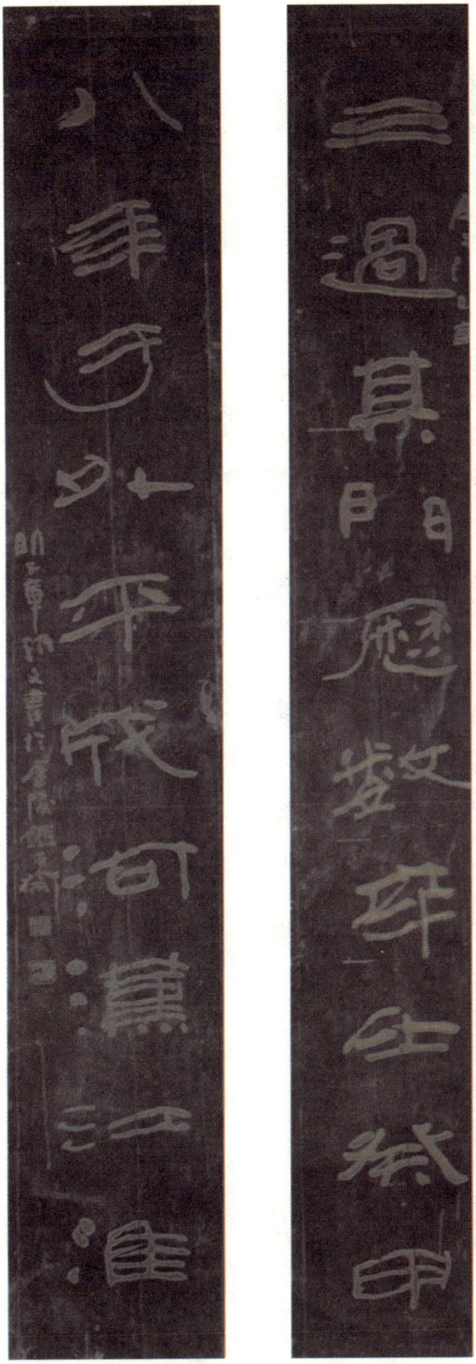

章炳文·大禹治水联

联　文

三过其门，历数辛壬癸甲；

八年于外，平成河汉江淮。

作者简介　章炳文，1939年出生，江苏扬州人，师承胡小石、林散之、亚明、宋文治诸先生。曾任中国书协理事、中国书协创作评审委员、江苏省书协副秘书长，南京市书协主席，南京市文联副主席。

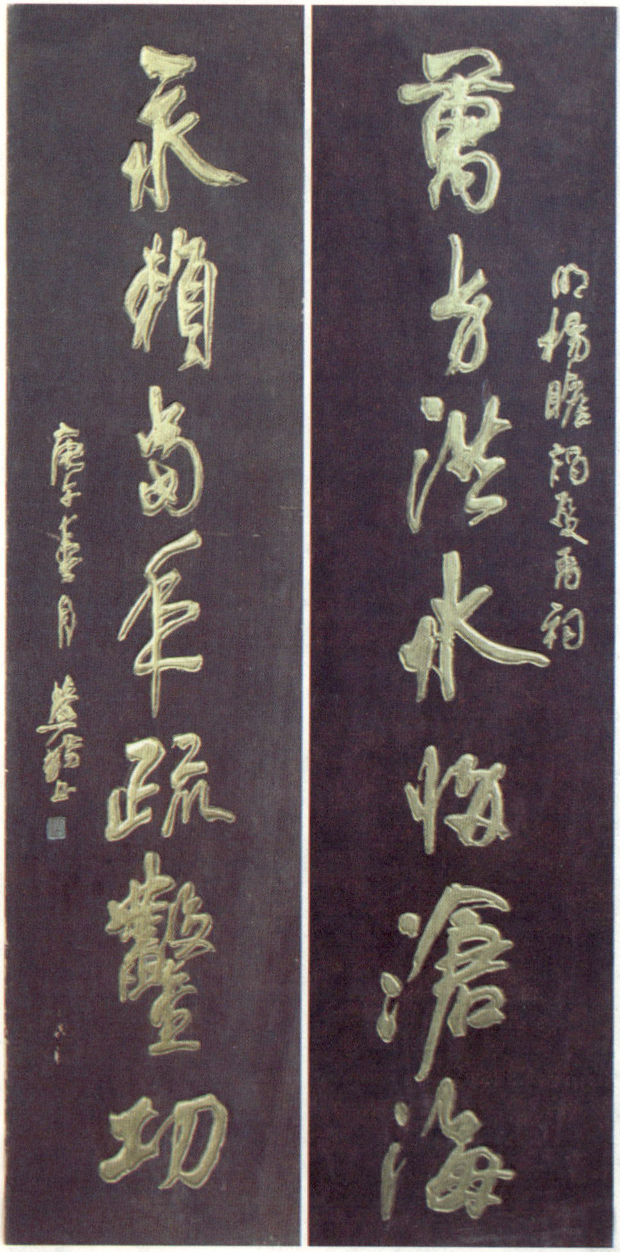

周慧珺·杨瞻谒夏禹祠联

联　文

万方洪水归沧海，

永赖当年疏凿功。

作者简介　周慧珺，女，1939年出生，浙江镇海人。曾任中国书法家协会副主席、顾问，上海书法家协会主席、名誉主席，上海市文联副主席，上海市画院一级美术师。

朱关田·大禹治水联

联　文

瞻禹宫，观夏代，四千年古迹；
登涂山，看淮河，八百里风光。

作者简介　朱关田，字曼倬，1944年生，浙江绍兴人，浙江美术学院书法篆刻专业研究生，一级美术师，师事陆维钊、沙孟海、诸乐三诸人。历任中国书法家协会副主席，中国书法家协会评审学术委员会主任，浙江省书法家协会主席，西泠印社副社长。

张　森·杨耀南禹王宫联

联　文

承四载，以疏导九河，凿海穿山，地平天成垂永赖；

历八年，而会朝万国，开来继往，帝王授受庆明良。

作者简介　张森，1942年生，江苏泰县人，曾任中国书法家协会理事，中国书法家协会创作评审委员会委员，上海市书法家协会副主席，上海市美学学会副主席，上海中国画院一级美术师。书法兼收并蓄，独辟蹊径，学养全面，擅长楷、草、隶诸体，尤其以隶书蜚声书坛。

王伟平·张树侯禹王宫联

联　文

鹤衔松花香道院，
云去留月照丹台。

作者简介　王伟平，1942年生，浙江定海人，早年师从中国著名书法篆刻大师单孝天先生，书学晋唐诸家。曾任中国书法家协会理事，上海市书法家协会秘书长，上海市文联副主席，上海市书画研究院副院长。

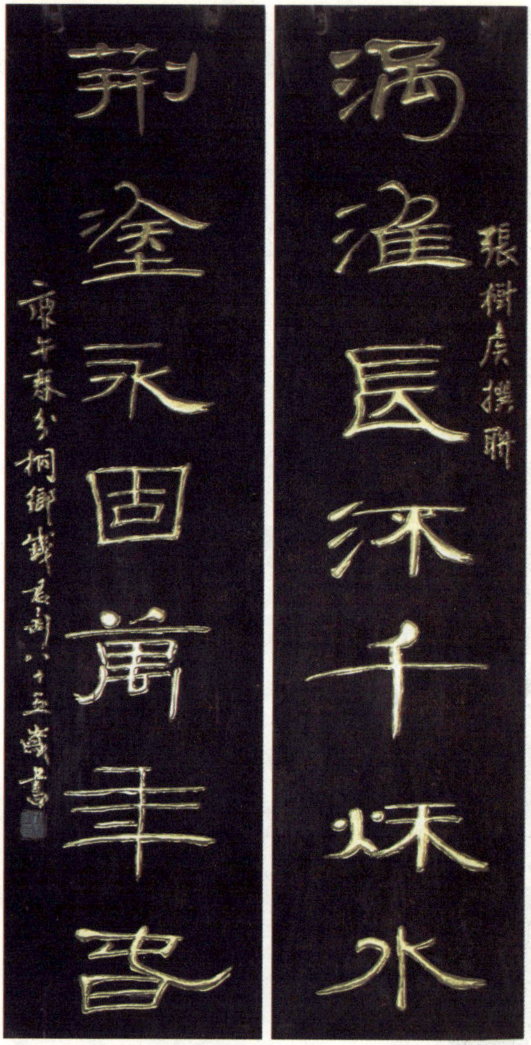

钱君匋·张树侯禹王宫联

联　文

涡淮长流千秋水；

荆涂永固万年春。

作者简介　钱君匋（1906–1998），著名书法家、画家、篆刻家、书籍装帧家。原名玉堂，学名锦堂，浙江桐乡人。曾任西泠印社副社长、人民音乐出版社副总编，华东师大艺术系教授，中国美术协会上海分会理事、君匋艺术院院长。

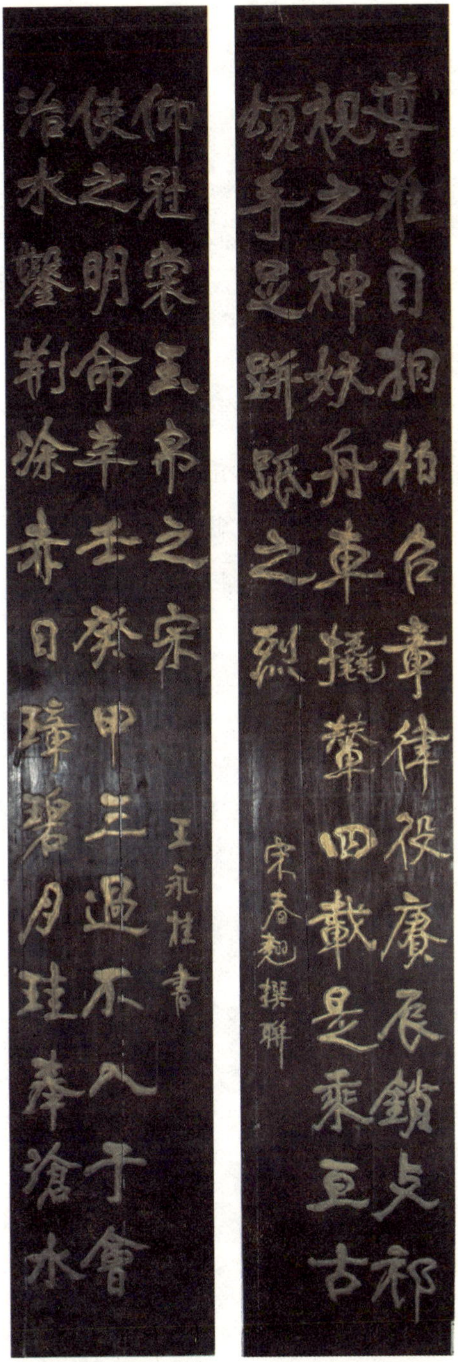

王永桂·宋春翘禹王宫联

联　文

导淮自桐柏，召章律，役庚辰，锁无支祁之神妖，舟车橇樏，四载是乘，亘古颂手足胼胝之烈；

治理凿荆涂，赤日璋，碧月圭，奉苍水使之明命，辛壬癸甲，三过不入，于今仰冠裳玉帛之宗。

作者简介　王永桂，怀远县人，书法家。

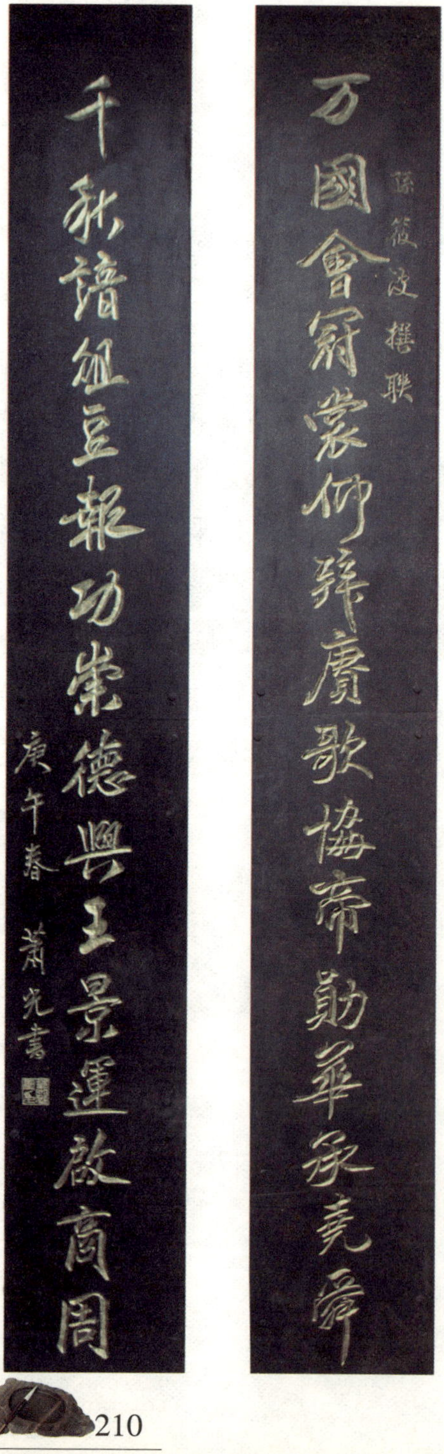

肖　光·孙筱波禹王宫联

联　文

万国会冠裳，仰拜赓歌，协帝勋华承尧舜；

千秋谙俎豆，报功崇德，兴王景运启商周。

作者简介　肖光，怀远县人，省书协会员，书法家。

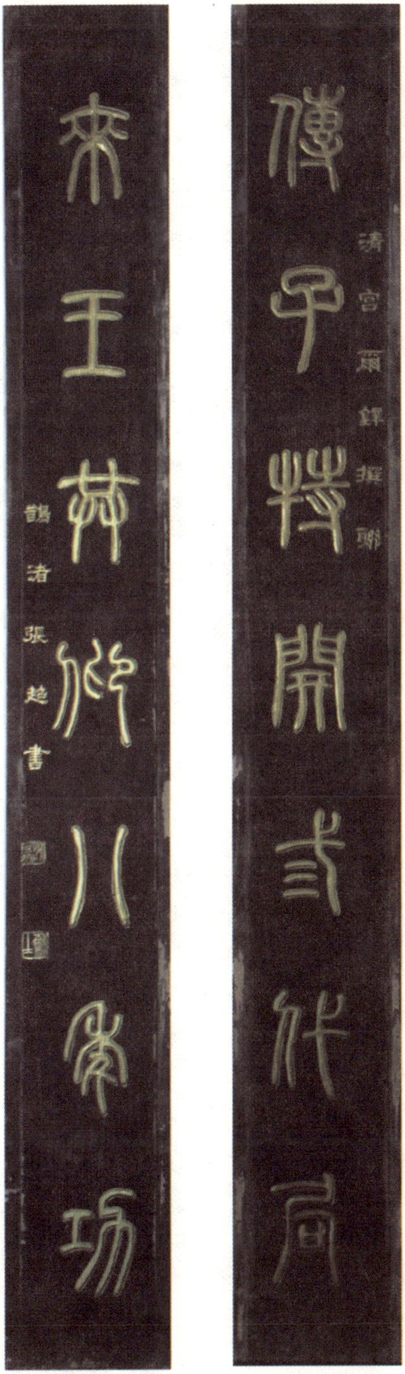

张　超·宫尔铎禹王宫联

联　文

传子特开三代局，

来王共仰八年功。

作者简介　张超，怀远县人，书法家。

马祖润·宫尔铎禹王宫联

联　文

古刹汉高建，
仙台夏禹留。
——庚午年马祖润书

作者简介　马祖润，怀远县人，书法家。

姚　聪·李鉴题涂山诗

诗　文

寒透轻罗入小轩，巡行怀远暂停辕；荆山围绕无城郭，淮水弥漫到县门。万国会时瞻日月，九区平后奠乾坤。悬知遗爱传人口，十里河边号禹村。

——明人李鉴《题涂山》

作者简介　姚聪（1963—2007），号伴仙、半仙，怀远县人，安徽省书法家协会会员。少与书法结缘，追圣慕贤，沉迷书海，有“农民书法家”美誉。

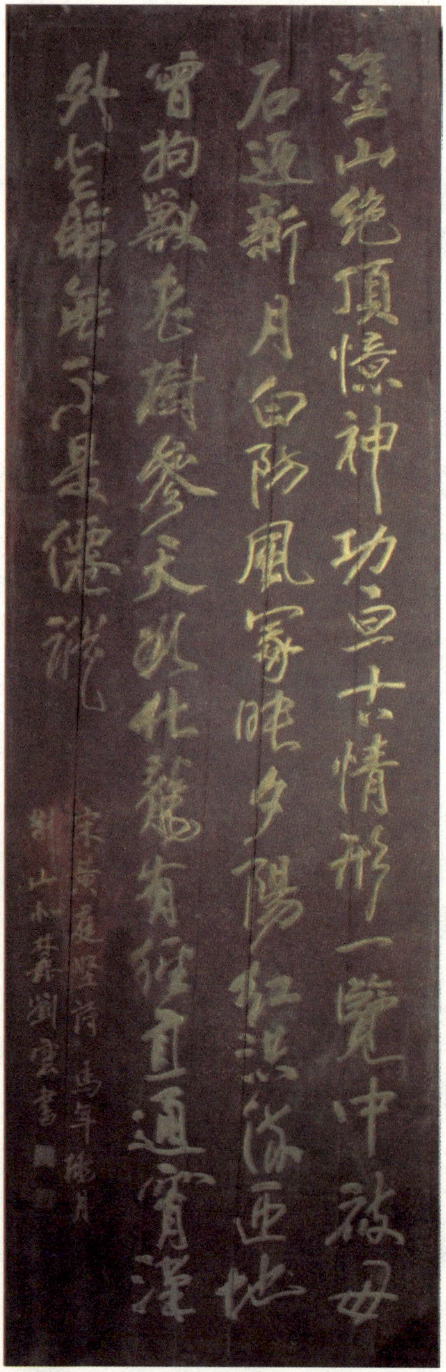

刘　云·黄庭坚涂山诗

诗　文

涂山绝顶忆神功，
亘古情形一览中。
启母石迎新月白，
防风冢映夕阳红。
洪流匝地曾拘兽，
老树参天欲化龙。
有径直通霄汉外，
登临无不是仙踪。

作者简介　刘云，怀远县人，书法家。

第三节 涂山碑刻

涂山人杰地灵，文化积淀厚重，是夏王朝兴起之地，中华民族历史文化名山。千百年来，方家名流，赋诗书丹，精工勒石，留有大量颂扬涂山大禹的碑刻。著名碑碣有北宋苏轼的《濠州七绝·涂山》、南宋庆元初年濠州刘仲光的“有夏皇祖之庙”、皇甫斌的《祷雨记》等。涂山碑刻或厚重古朴，或娟秀妍丽，或潇洒疏朗，真、行、草、隶、篆诸体俱全。

史念海·夏之兴也以涂山

碑　文

夏之兴也以涂山。

——敬书《史记》名句以壮山河　史念海

作者简介　史念海，山西省平陆人，当代著名历史地理学家。曾任陕西师范大学副校长、教授、博士生导师，历史地理研究所所长，兼西安历史地理学会会长、国务院古籍整理出版规划小组顾问。

陈玉龙·有夏皇祖之庙

碑　文

有夏皇祖之庙

——己卯隆冬七八叟陈玉龙书于北京大学

作者简介　陈玉龙，江苏镇江人，曾任北京大学教授，北京大学书画协会会长，中国国际书画人才网学术顾问，中国书法家协会会员。与季羡林、金克木并称“北大三支笔”。

南宋庆元初，濠州州守刘仲光自造碣石，镌刻“有夏皇祖之庙”立于禹庙，为涂山古代著名石刻。该碑不幸毁于清康熙七年地震。1999年，陈玉龙教授惠书入石，重勒该碑。

岣嵝碑·古篆

碑　文（杨慎译）

承帝日咨，翼辅佐卿。洲渚与登，鸟兽之门。参身洪流，而明发尔兴。久旅忘家，宿岳麓庭。智菅(营)形折，心罔弗辰。往求平定，华岳泰衡。宗疏事裒，劳余神禋。郁塞昏徙。南渎衍亨。衣制食备，万国其宁，窜舞永奔。

岣嵝碑简介　该碑亦名禹王碑，天下第一碑，传为禹王衡山摩崖石刻之记功碑。碑文七十七字，形模奇异，难识似天书。蚌埠市特请镌刻大师，按“岣嵝碑”拓片，为禹王宫精心制作该碑，歌禹功，颂涂魂。

季羡林·台　桑

碑　文　台桑

——季羡林敬题

作者简介　季羡林，山东省临清人，当代著名文学家、教育家和社会活动家。曾任中国科学院哲学社会科学部委员、北京大学副校长、中国社会科学院南亚研究所所长，在语言学、文化学、佛教学、印度学和比较文学等方面有较深造诣。

沙孟海·禹王宫

碑　文　禹王宫

——一九九〇年沙孟海

作者简介　沙孟海（1906—1992），原名文诺，字孟海，号石荒、沙明，浙江省鄞县人，毕业于浙东第四师范学校，于语言文字、文史、考古、书法、篆刻等均深有研究。曾任浙江大学中文系教授、浙江美术学院国画系书法教授、西泠印社社长、西泠书画院院长、浙江省博物馆名誉馆长、浙江省书法家协会主席、中国书法家协会副主席。

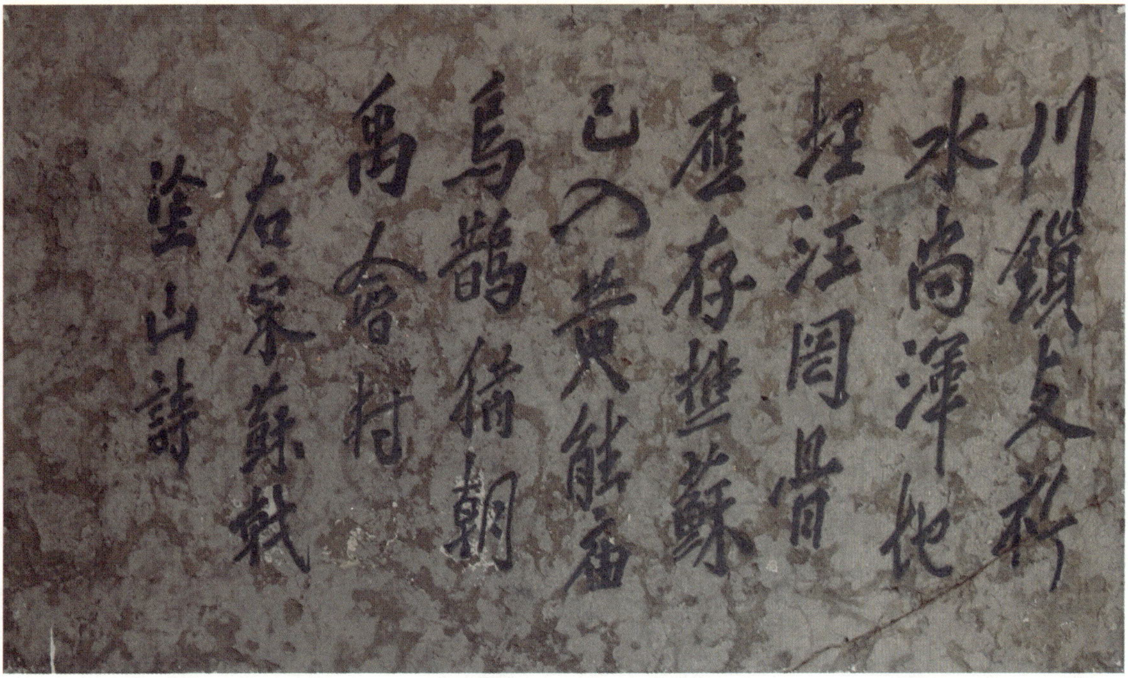

苏　轼·涂山诗

碑　文　川锁支祁水尚浑，地埋汪罔骨应存。

樵苏已入黄熊庙，乌鹊犹朝禹会村。

——右宋苏轼涂山诗

作者简介　苏轼，字子瞻，号东坡居士，眉州眉山（四川眉山）人，北宋著名文学家、书法家、画家，“唐宋八大家”之一，曾任翰林学士、侍读、龙图阁学士等职。苏轼地方官任上，多次路过涂山。该诗为苏轼朝觐涂山禹庙所作。

杨士林·朝禹路

碑　文　朝禹路

——香港青松观侯宝垣先生捐建 岁次丙子年夏月淮上杨士林书丹

作者简介　杨士林，号怀沙居士，1947年生，安徽凤台人，当代书画家、美术理论家、收藏家，文化部艺术评估委员会委员，国家一级美术师，中国书协会员，安徽省书协理事，安徽省书法理论研究会副会长，曾任太和县委书记、阜阳地委宣传部长、蚌埠市书画院院长。

启　功·淮河碑林

碑　文　淮河碑林

——启功题　时年八十又五

作者简介　启功(1912—2005),满族,北京市人,字元白,号苑北居士,中国当代著名书法家、教育家、古典文献学家、鉴定家、红学家、诗人,国学大师。曾任中国书协主席,北京师范大学教授,国家文物鉴定委员会主任委员、中央文史研究馆馆长、世界华人书画家联合会创会主席,中国佛教协会、故宫博物院、国家博物馆顾问,西泠印社社长。

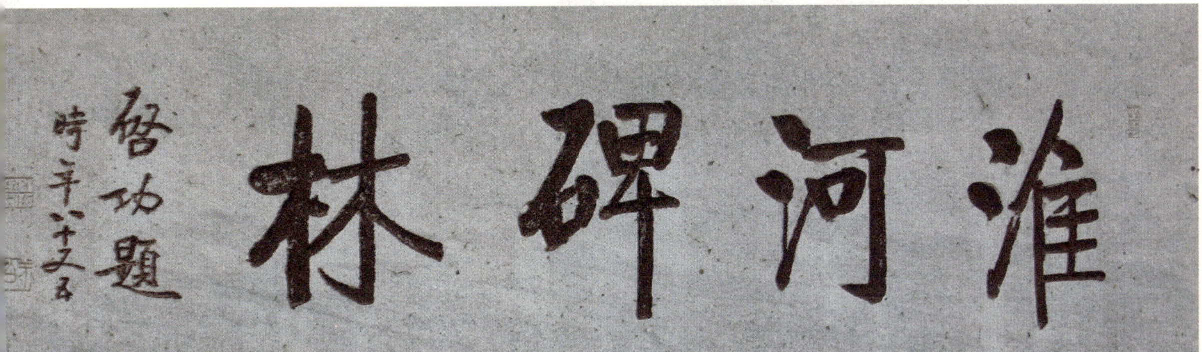

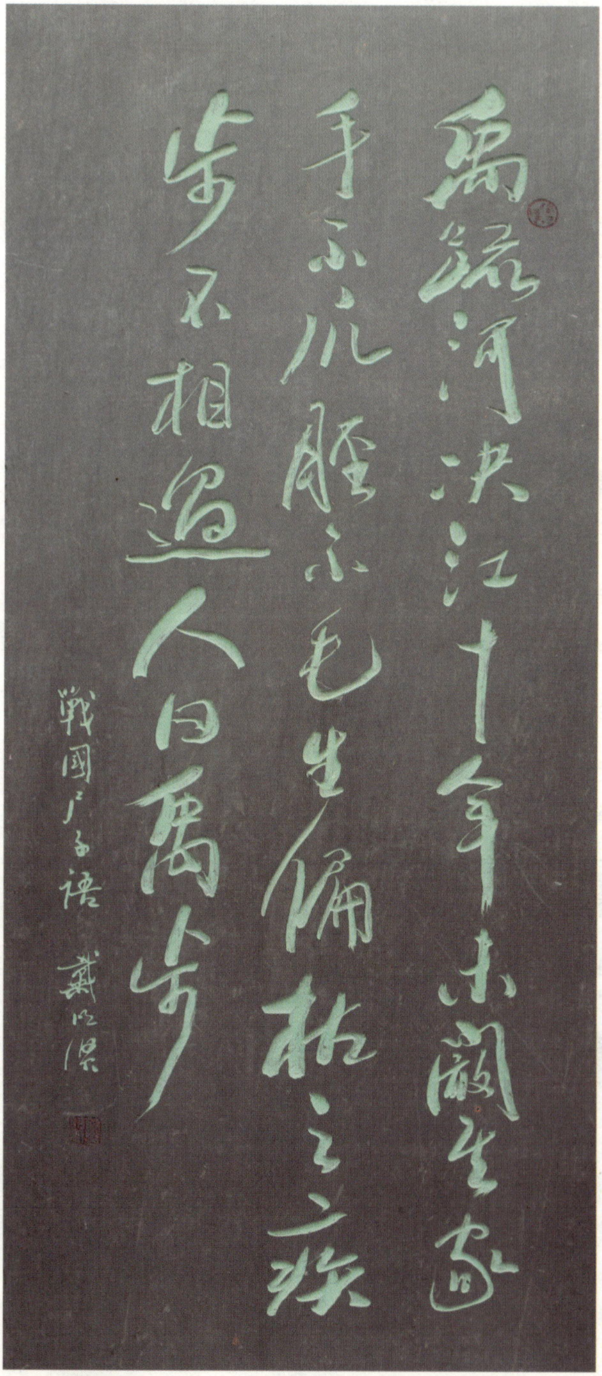

戴明贤·战国《尸子》语

碑　文

禹疏河决江，十年未阚其家。手不爪，胫不毛，生偏枯之疾，步不相过，人曰禹步。

——战国《尸子》语戴明贤

作者简介　戴明贤，贵州省安顺人，曾任中国书协理事，贵州省书协主席，贵阳书画院院长，《花溪》副主编、编审。

邱　零·禹所娶涂山侯国也

碑　文

禹所娶涂山侯国也

——汉班固《汉书·地理志》己卯年夏邱零书

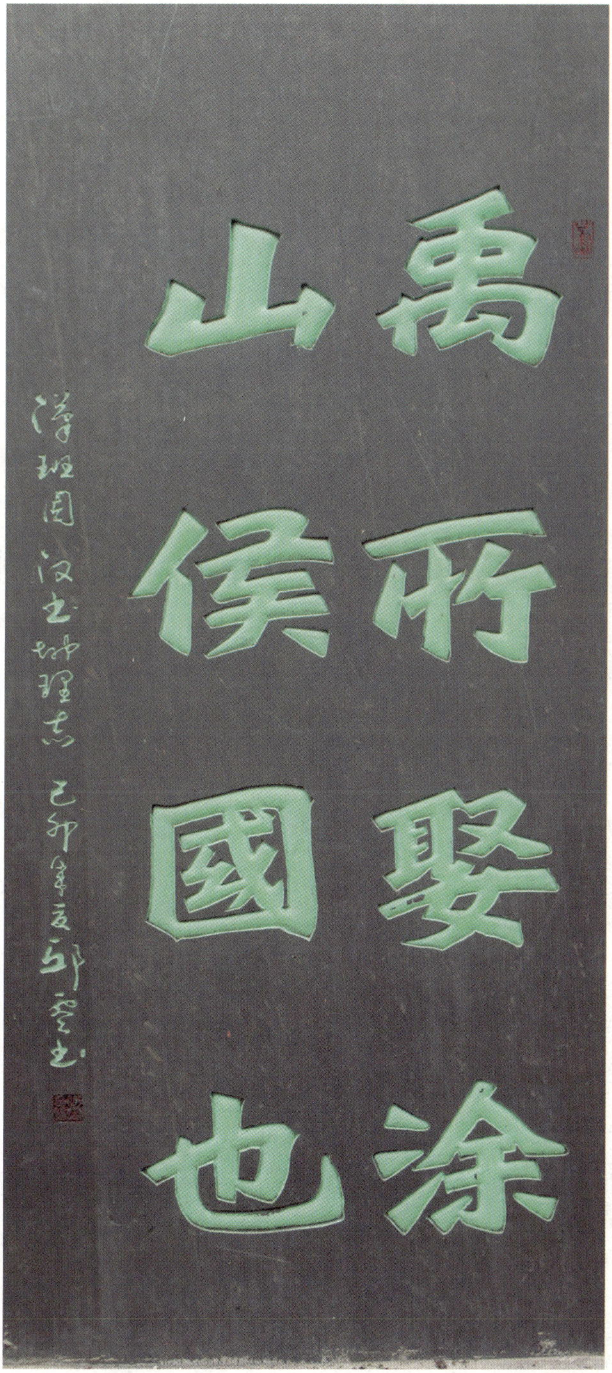

作者简介　邱零,1929年生于河南。曾任中国书协理事,中国刻字研究会副会长,中国剪纸学会常务理事,新疆书协副主席兼秘书长。

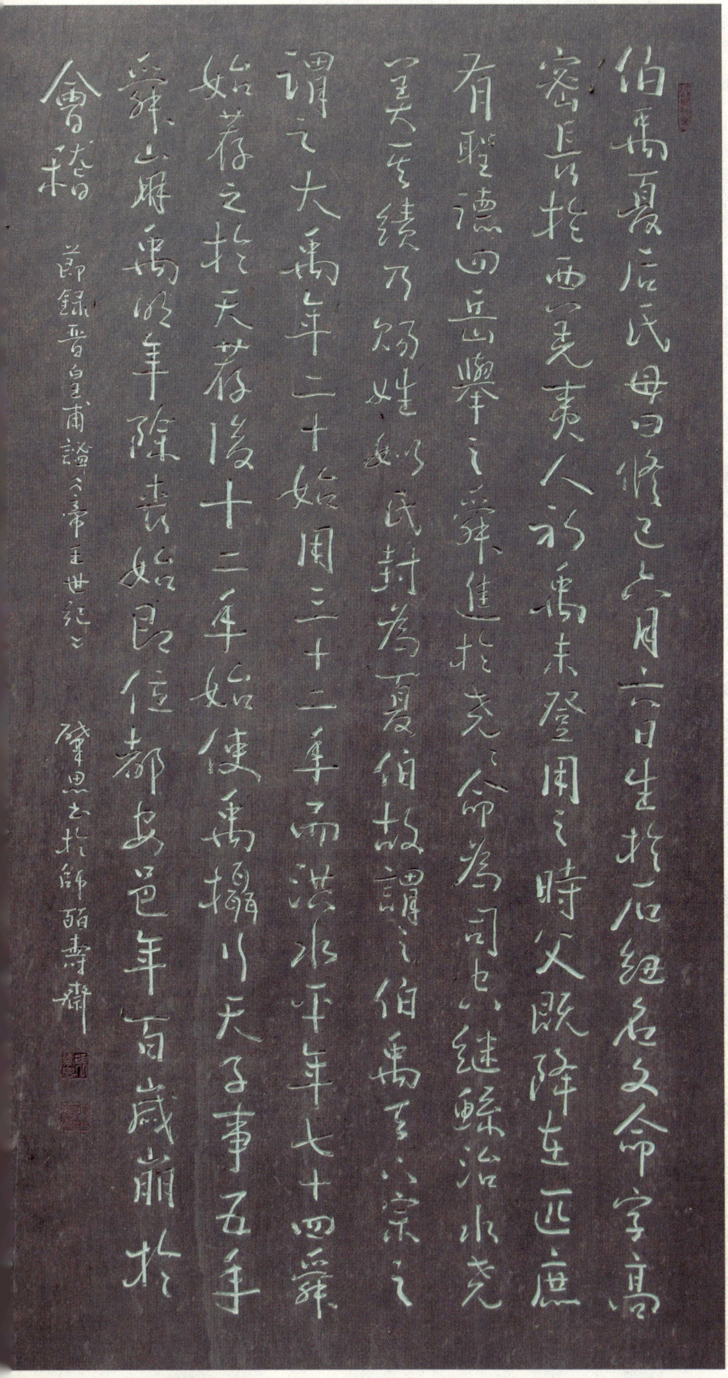

张肇思·皇甫谧《帝王世系》节录

碑　文　伯禹夏后氏，母曰修己，六月六生于石纽，名文命，字高密，长于西羌，夷人。初，禹未登用之时，父既降在匹庶，有圣德，四岳举之。舜进于尧，命为司空，继鲧治水，尧美其绩，乃赐姓姒氏，封为夏伯，故谓之伯禹。天下宗之，谓之大禹。年二十始用，三十二年而洪水平。年七十四舜始荐之于天。荐后十二年，使始禹摄行天子事，五年舜崩，禹明年除丧始即位，都安邑。年百岁，崩于会稽。

——张肇思书于师皕寿斋

作者简介　张肇思，字成九，斋号“师皕寿斋”，中国书协会员。曾任新疆书协常务理事、伊犁州书协主席、尼勒克县政协副主席。

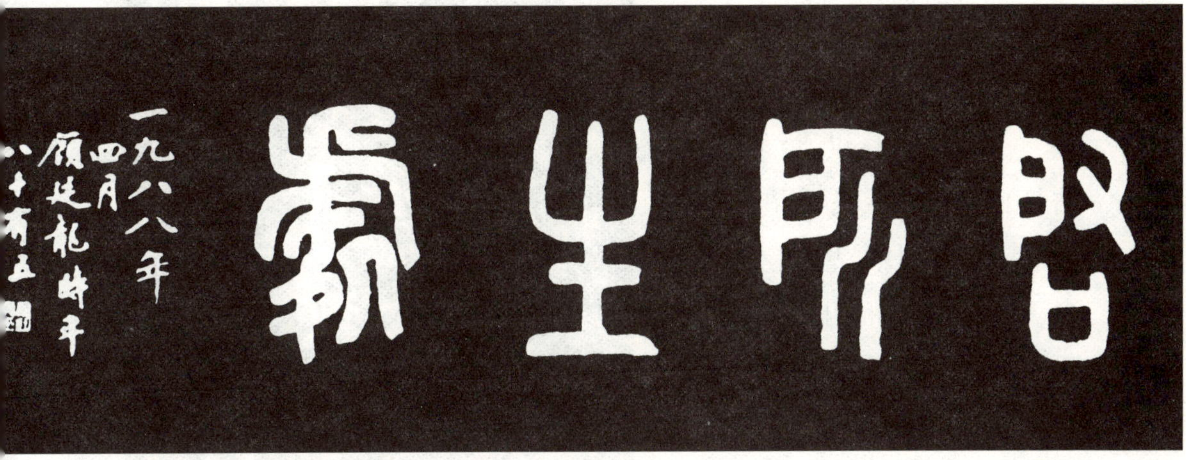

顾廷龙·启所生处

碑　文　启所生处

——一九八八年四月　顾廷龙 时年八十有五

作者简介　顾廷龙，江苏苏州人，著名古籍版本家、目录学家、书法家。早年毕业于燕京大学，曾任暨南大学、光华大学教授，华东师范大学兼职教授，上海历史文献图书馆馆长，上海图书馆馆长，文化部文物鉴定委员会委员，中国书协名誉理事。

鲁彦周·录《书经·虞书》句

碑　文　禹曰：洪水滔天，浩浩怀山襄陵，下民昏垫，予乘四载，随山刊木，暨益奏庶鲜食。予决九川距四海，浚畎浍距川。暨稷播，奏庶艰食鲜食。

——摘自《书经·虞书》乙亥夏鲁彦周书

作者简介　鲁彦周，安徽巢湖人，著名作家、戏剧家，曾任中国作协理事，安徽省作协、剧协副主席，《清明》杂志副主编。

冯亦吾·大禹颂楹联

碑　文

江淮河汉思明德
精一微危见道心
——冯亦吾

作者简介　冯亦吾，江苏沛县人，原名守道，字一吾，号逸翁。当代著名书法理论家、书法家和诗人。中国书协会员，曾任北京书协理事。

张成之·定国安邦

碑　文　定国安邦

——海上鲁人张成之书

作者简介　张成之，1926年生，山东潍坊人，号海上鲁人，中国书协会员，曾任上海书协常务理事，上海书协秘书长。

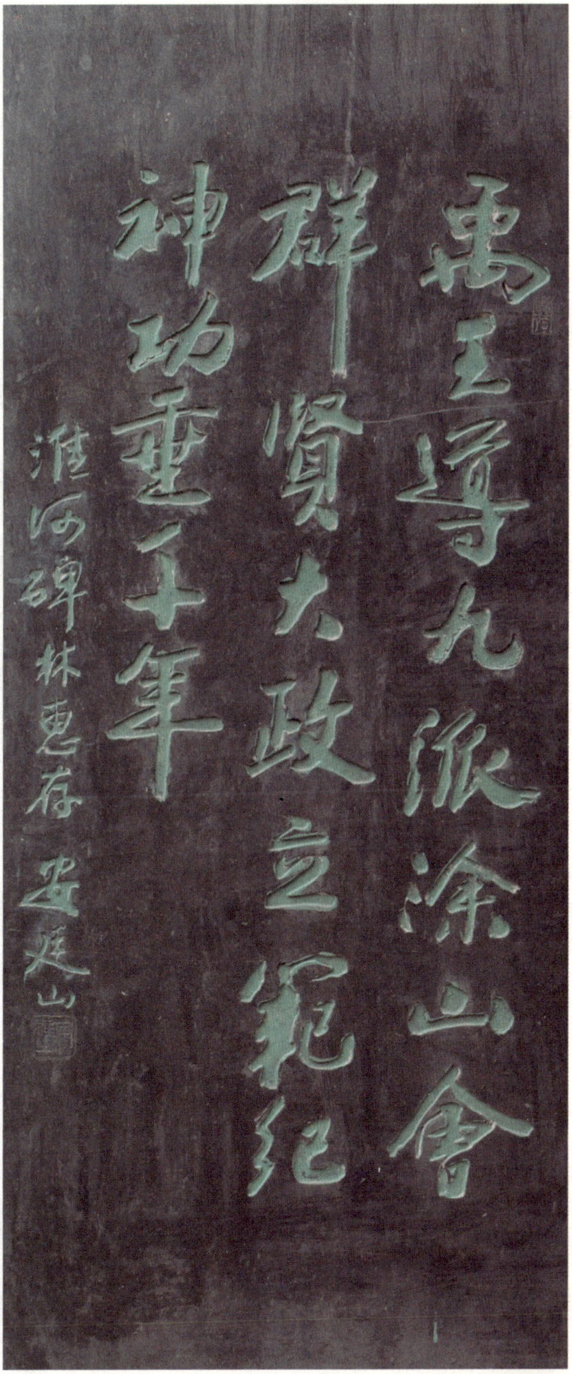

安廷山·禹王治水颂

碑　文　禹王导九派，涂山会群贤，大政立范纪，神功垂千年。

——淮河碑林惠存安廷山

作者简介　安廷山，1938年生，河北大名人，中国书协会员、中国博物馆学会会员、中国民俗学会民俗博物馆专业委员会副主任委员、中国楹联学会会员、山东省书协理事、泰山诗书画研究会会长。

李保孚·涂山雄风

碑　文　涂山雄风

——涂山雄风人杰地灵

己卯年夏书于西域 李保孚

作者简介　李保孚，山东阳谷人，中国书协会员，曾任新疆书协常务理事，克拉玛依市书协主席，克拉玛依市楹联学会主席，克拉玛依市诗词学会主席，中国石油书协副主席，中华书法艺术研究会理事，荷泽书画院名誉副院长。

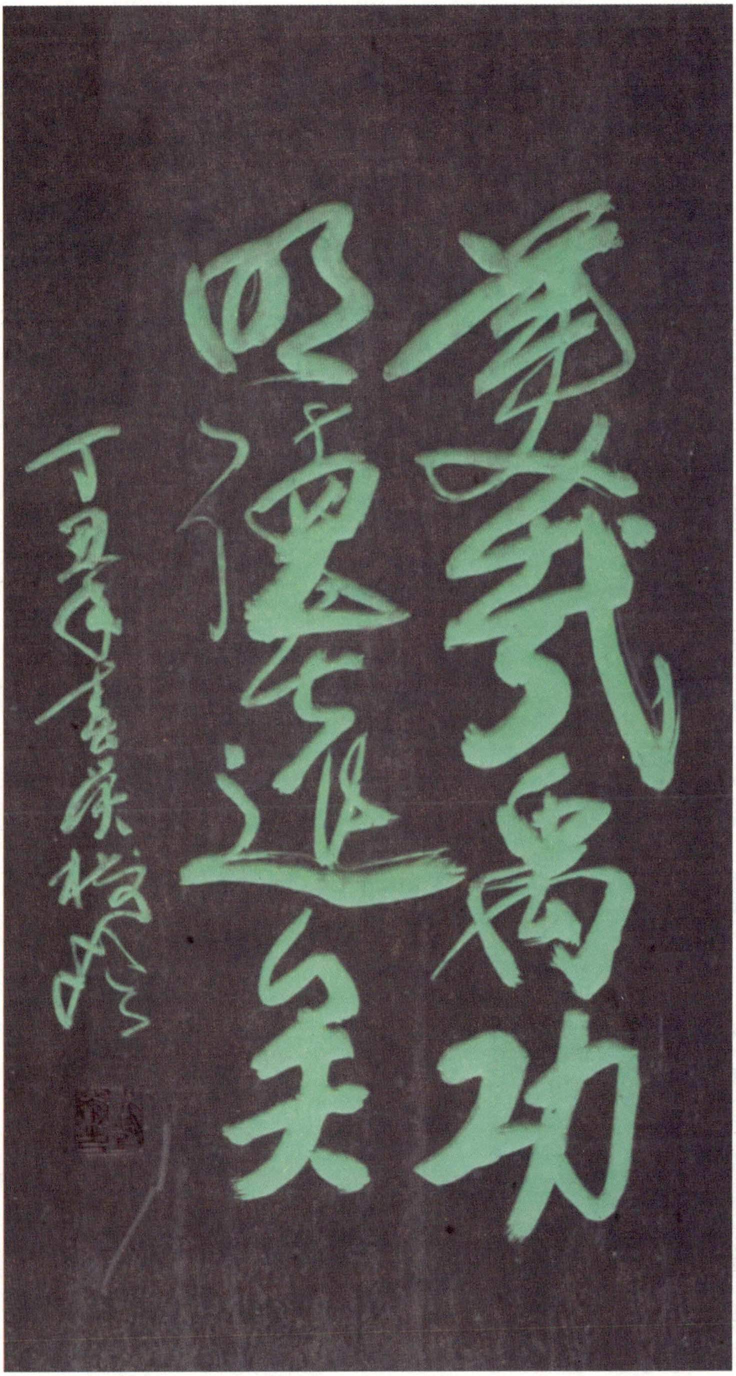

吴树声·大禹颂句

碑　文　美哉禹功，明德远矣。

——丁丑年春吴树声

作者简介　吴树声，笔名家声、漫文。山东省淄博人。1946年毕业于山东大学。曾任安徽省作协专业作家、《江淮文艺》编辑部主编、太阳文学社副社长，《太阳》编辑部主编、编审。中国作家协会会员、中国书法家协会会员、安徽省美术家协会会员。

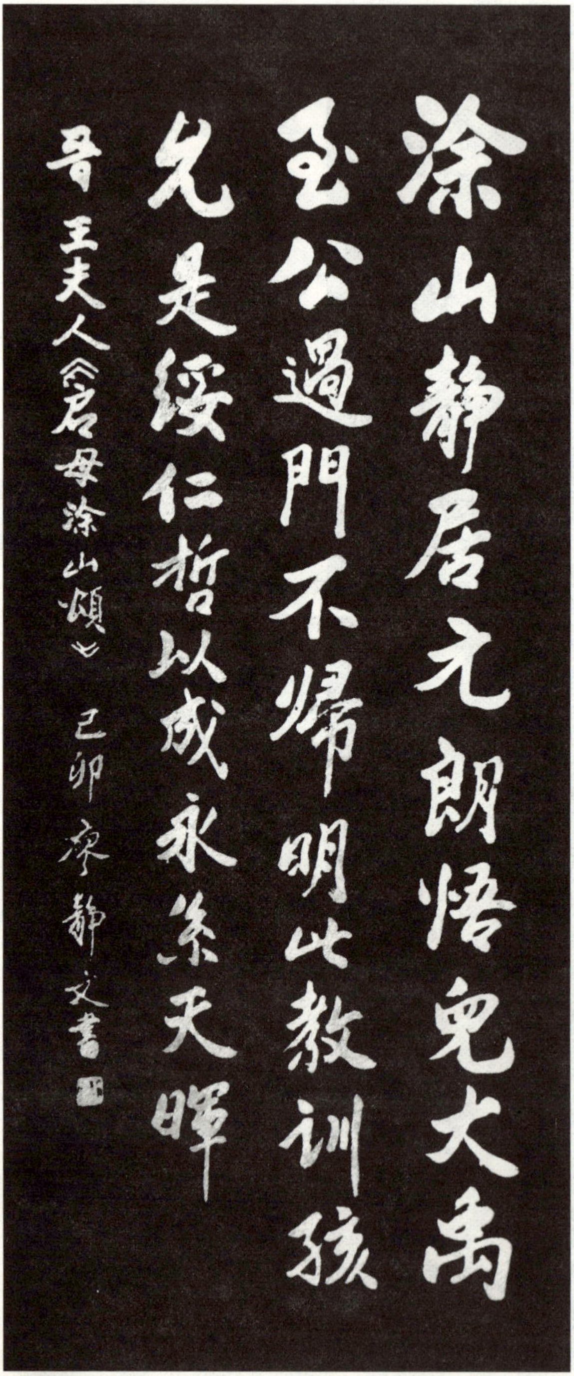

廖静文·晋王夫人《涂山启母颂》

碑　文　涂山静居，元朗悟儿。大禹至公，过门不归。明此教训，孩允是绥。仁哲以成，永系天晖。

——晋王夫人《启母涂山颂》　己卯廖静文书

作者简介　廖静文，湖南长沙人，徐悲鸿夫人。曾任全国政协常委、全国妇联常委、徐悲鸿纪念馆馆长、研究馆员，徐悲鸿画院名誉院长、中国书画家联谊会主席。

袁　振·颂禹王诗

碑　文　禹王挥斧涂山开，淮河滚滚去大海。兴利除害九州安，丰功遗爱垂万载。

——安徽淮河碑林建设委员会乙亥年袁振

作者简介　袁振，山东省掖县（今莱州市）人，喜书画、擅诗文，抗战时期即有泰西才子之称，曾任安徽省委副书记。

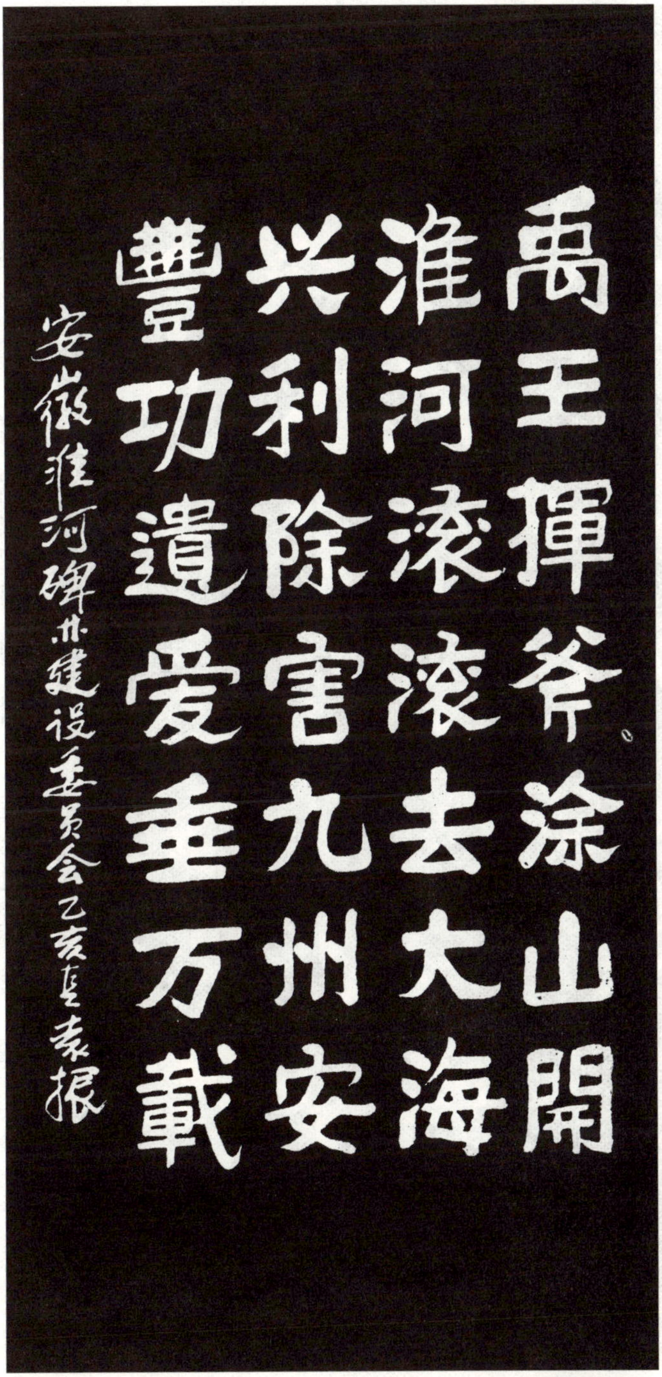

刘开渠·奉　献

碑　文奉　献

——刘开渠

作者简介　刘开渠，原名刘大田，安徽淮北人，著名艺术家，雕塑艺术大师，中国现代雕塑事业奠基人。曾任浙江美术学院教授、雕塑系主任，浙江美术学院院长、杭州市副市长、中央美术学院副院长、中国美术馆馆长、中国美协副主席、全国政协常委。

吴作人·大禹故居

碑　文　大禹故居

——作人题

作者简介　吴作人，安徽泾县人，生于江苏苏州，当代著名书画家。曾任中央美术学院教授、院长，中国文联副主席，中国美术家协会主席。

《尚书·益稷》云“禹娶于涂山”。当代史学家吕振羽指出：“禹娶涂山氏，禹的发迹也从涂山氏，禹尝会诸侯于涂山，涂山不啻成了禹的根据地。”吴作人先生应蚌埠市人民政府顾问傅天仇教授约请，挥毫泼墨，题颂涂山为“大禹故居”！

顾祖英·《竹书纪年》节录

碑　文　禹五年巡守，会诸侯于涂山。

——一九七九年桃月 顾祖英于阜阳

作者简介　顾祖英，曾任阜阳市博物馆名誉馆长、副研究员。中国博物馆学会会员，中国老年书画研究会会员，安徽省博物馆学会理事。

陆绪川·录《尚书·五子之歌》

碑　文　大禹之戒曰：民可近，不可下。民惟邦本，本固邦宁。

——节《尚书·五子之歌》　陆绪川

作者简介　陆绪川，江苏省淮安市人，中国美术家协会会员，国家一级美术师，曾任蚌埠市博物馆专业画家。生前将收藏的古字画等文物及部分本人画作，捐赠蚌埠市博物馆。

葛　路·录皇甫谧铸鼎语

碑　文　禹铸鼎于荆山

——语出晋代皇甫谧《帝王世纪》己卯年夏于北京大学葛路

作者简介　葛路，原名葛光植，陕西省定边人，北京大学教授，中国书协会员，中国美协会员，曾任北京大学书画协会理事，中华全国美学会会员，《美术》杂志编辑。

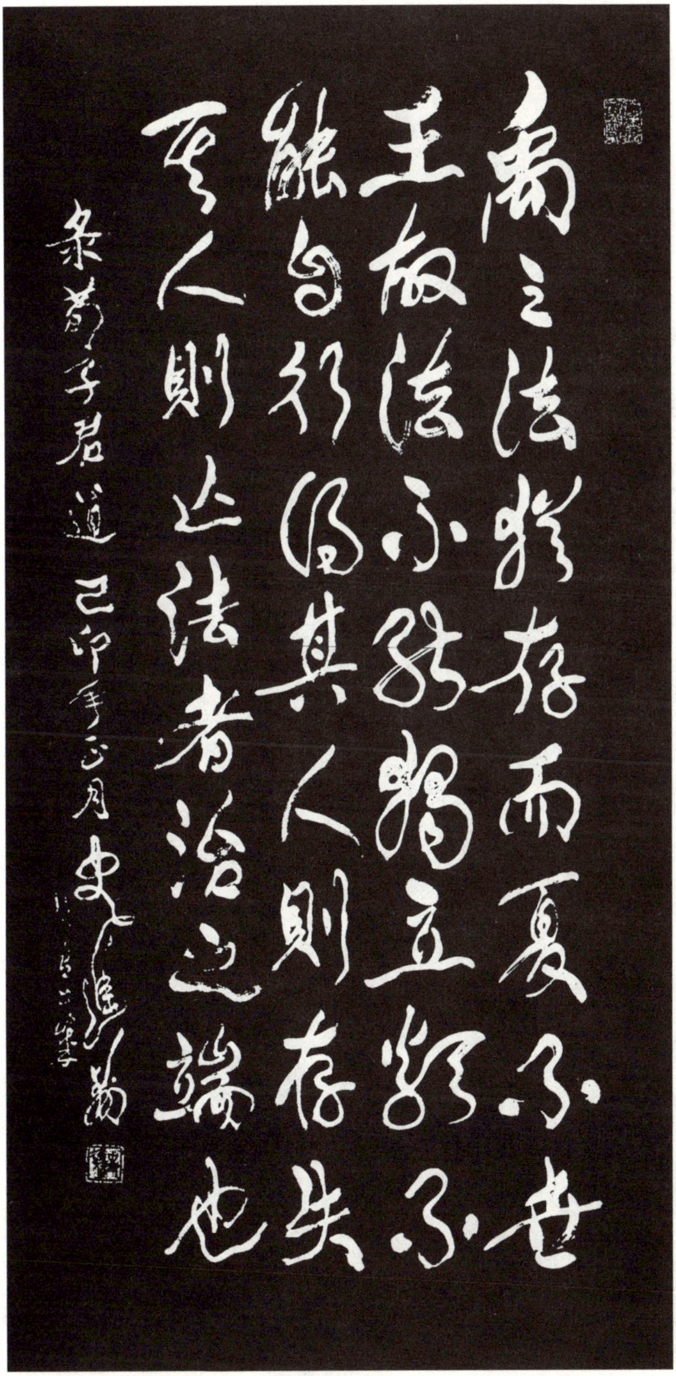

史进前·录《荀子·君道》

碑　文　禹之法犹存，而夏不世王。故法不能独立，类不能自行。得其人则存，失其人则亡。法者治之端也。

——己卯正月 史进前 八十有二岁

作者简介　史进前，山西定襄人，原名薄祯祥，字恒温，曾用名合约、励吾，笔名思始、驽拙，斋号芳园兰香斋。曾任中国书协理事，中国老年书画研究会副会长。

张　旭·录《淮南子·原道训》

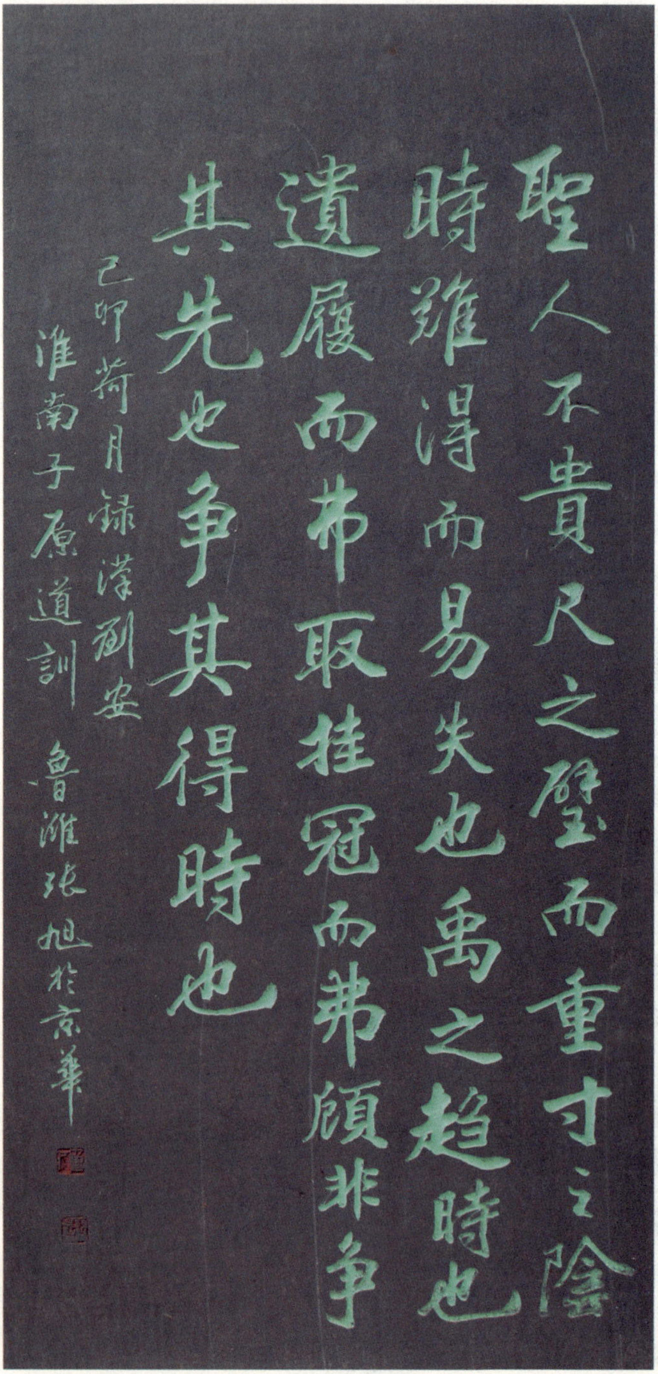

碑　文　圣人不贵尺之璧，而重寸之阴，时难得而易失也。禹之趋时也，遗履而弗取，挂冠而弗顾，非争其先也，争其得时也。

——己卯荷月录汉刘安《淮南子·原道训》鲁潍张旭于京华

作者简介　张旭，号鲁人、鲁潍。1928 年生于山东潍县。中国书协会员、北京市书协名誉理事。

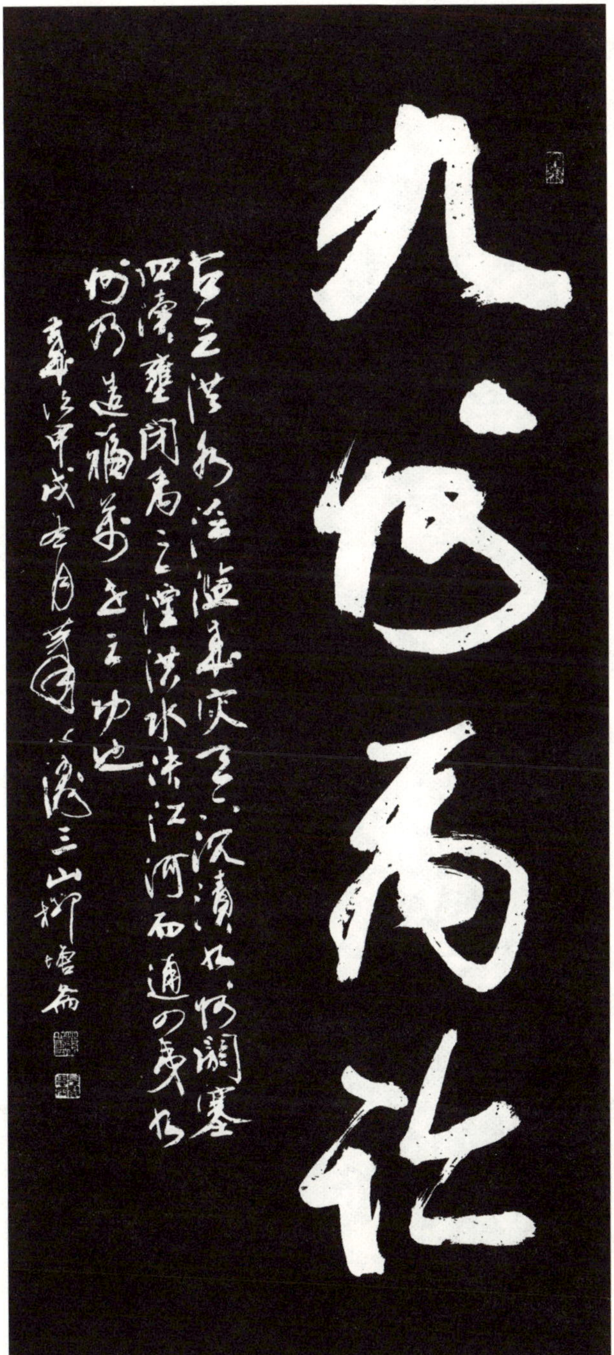

萧心涛·九州禹迹

碑　文　九州禹迹

——古之洪水，泛滥成灾，天下沉渍，九州淤塞，四渎壅闭。禹之湮洪水、决江河，而通四夷九州，乃造福万世之功也。岁次甲戌冬月萧心涛 三山柳塘斋

作者简介　萧心涛，福建省福州市人，福建省书协会员，曾任福建省老年书法研究会副会长、逸仙艺苑书法会会长、省文史研究馆馆员。

宋保全·大禹启志

碑　文　大禹启志

——疏导治水三过家门而不入 吾侪当奉以为法也

鲁德州宋保全题

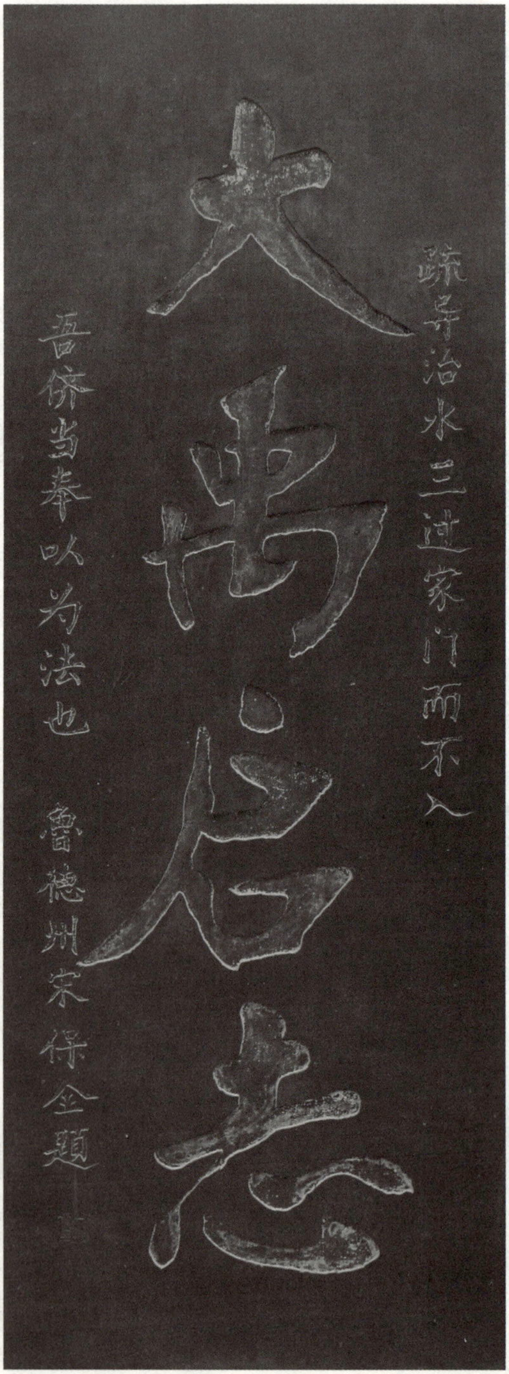

黎　泉·涂山颂

碑　文

得天地清气

極风云壮观

——岁在乙亥年秋月陇人黎泉

作者简介　黎泉，原名赵正，1937 年生于甘肃山丹，历任中国书协理事，中书协学术委员会委员，甘肃省书协主席，甘肃画院院长。

也农·大禹颂楹联

碑　文

瞻禹宫观夏代四千年古迹
登涂山看淮河八百里风光
——淮河碑林建设委员会嘱题 关中也农书

作者简介　叶浓(也农),陕西省高陵人,原名张茂林,1925年生,笔名也农、野农等。中国书法家协会会员,曾任陕西省书法家协会理事,陕西省作家协会名誉理事,中国民间文艺家协会会员,中国老年书画研究会顾问,中国老年书画院名誉院长。

杨庆蔚·禹王涂山颂

碑　文　淮之神游祥　禹王涂山风流芳千古

——乙亥年春杨庆蔚书于岱山

作者简介　杨庆蔚，1935年生，山东省书协会员，曾任中国书协理事、泰安市书协名誉主席。书法作品被国家级博物馆收藏，国内多处碑林有其书法作品碑刻。

岳　石·大禹功德颂

碑　文

　奠华夏首朝
　树忘我楷模
　　——大禹功德颂
岳石

作者简介　岳石，山东滕州人，枣庄师专教授，著名书法家、画家、教育家、诗人。中国国画院副院长，山东高校书法家协会副主席，崂山书画院名誉院长。

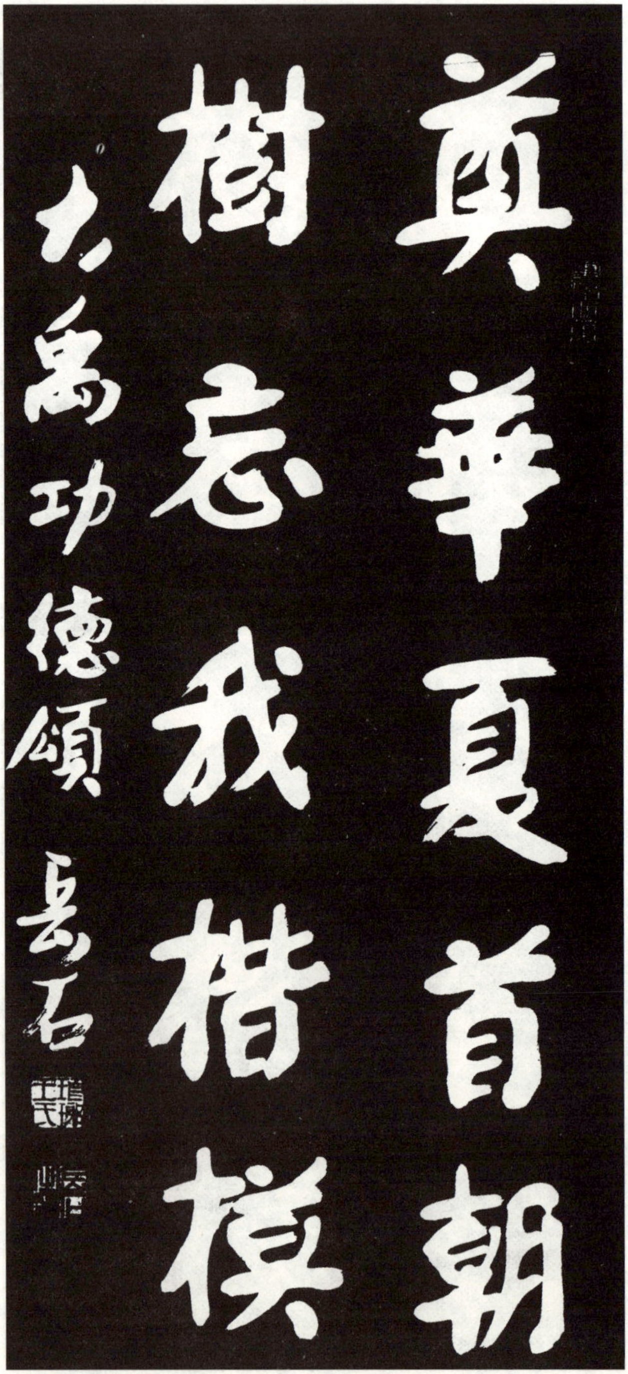

李传周·唐人胡曾诗

碑　　文　抱璞岩前桂叶稠，

碧溪寒水至今流。

空山日落猿声叫，

疑是荆人哭未休。

——唐代诗人胡曾《荆山》一首

癸酉年冬李传周书阜师院

作者简介　李传周，河南永城人，阜阳师范学院书法教授，中国书协会员，曾任安徽书协常务理事。其书法将隶、魏、行、草熔于一炉，凸显沉雄中灵秀，苍浑中活泼的特点。

刘蔚山·录《庄子·天下语》

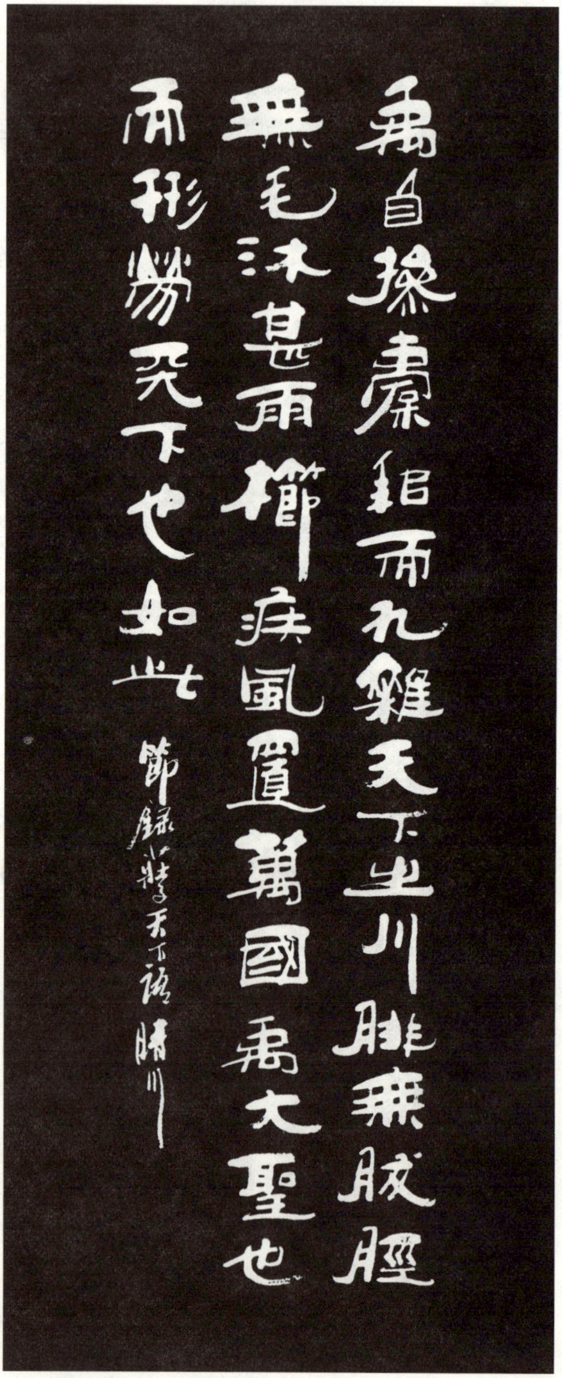

碑　文　禹亲自操橐耜而九杂天下之川。腓无胈，胫无毛，沐甚雨，栉疾风，置万国。禹大圣也，而形劳天下也如此。

——节录《庄子·天下语》 晴川

作者简介　刘蔚山，字晴川，安徽寿县人，中国书协会员，曾任皖西博物馆副馆长，安徽省书协理事，安徽省美术家协会会员，安徽省篆刻研究会理事，六安市书协主席，省博物馆协会会员、省考古学会会员。

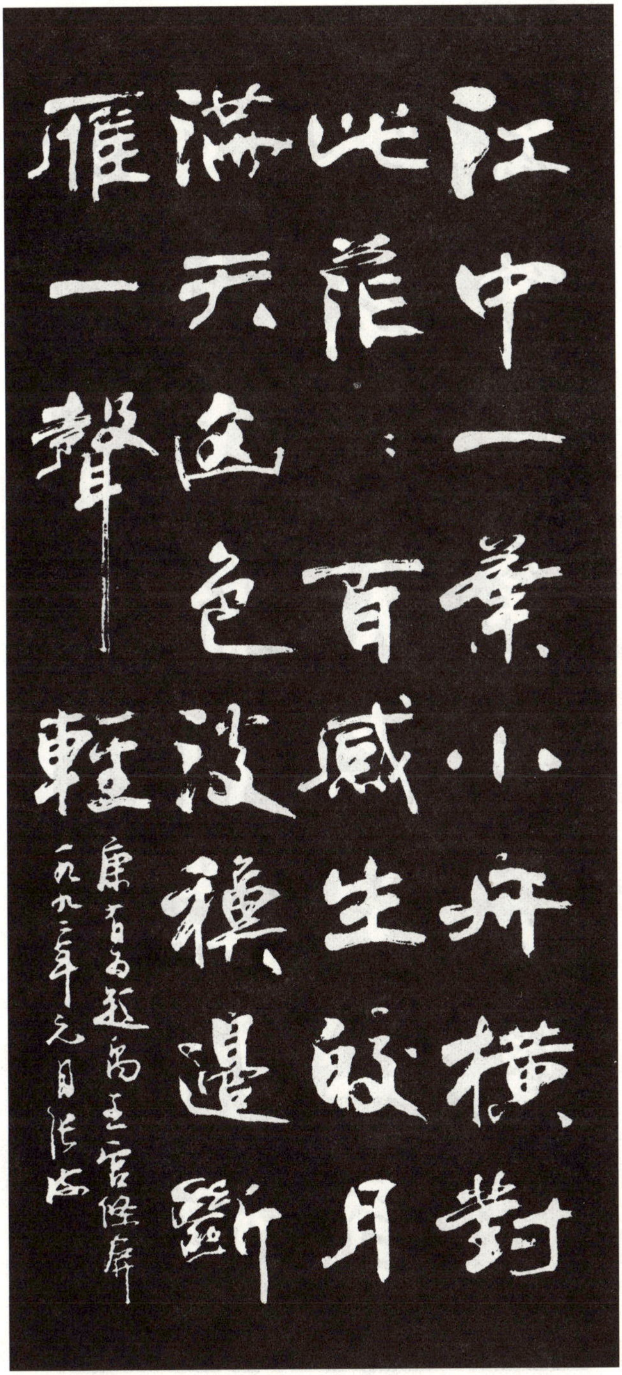

张　海·录康有为题禹王宫条屏

碑　文　江中一叶小舟横,对此茫茫百感生。皎月满天山色淡，秋边断雁一声轻。

——康有为题禹王宫条屏，一九九二年元月张海

作者简介　张海,1941年生,河南偃师人,曾任中国书协主席，河南省文联主席兼书协主席。

周本信·录柳宗元《涂山铭》句

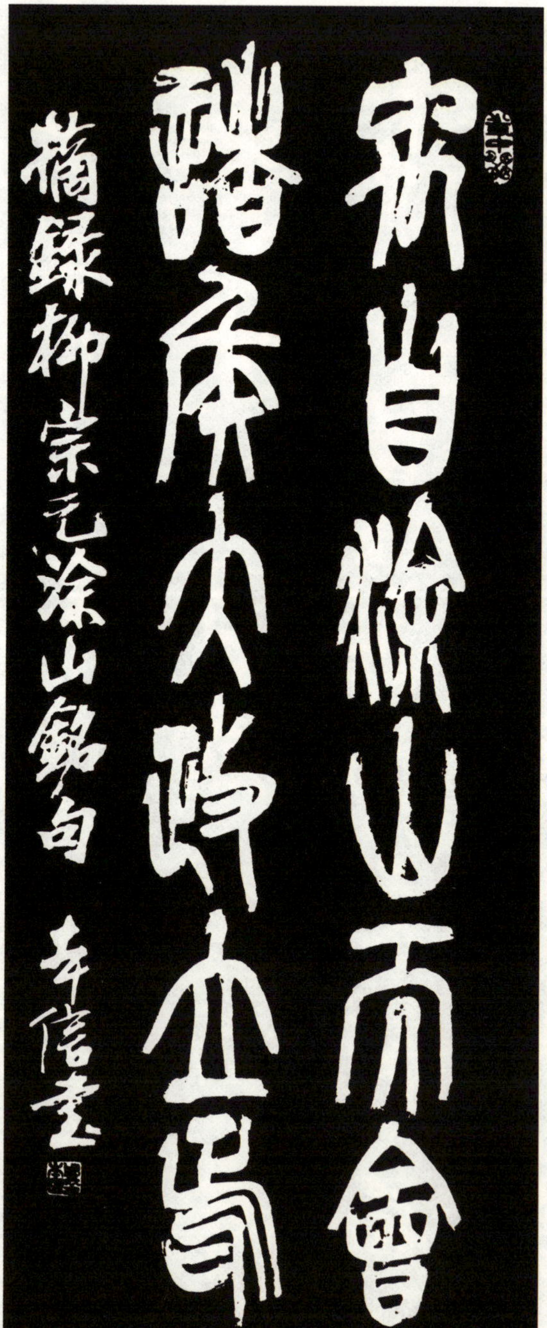

碑　文　禹自涂山而会诸侯，大政立焉。

——摘录柳宗元《涂山铭》句　本信书

作者简介　周本信，中国书协会员，曾任安徽省书协理事、淮北师范大学美术系教授。

王　安·《水经注·河水》节录

碑　文　昔禹治洪水，山陵當水者凿之，故破山以通河。

——《水经注·河水》颍州王安

魏　巍·山岳峥嵘

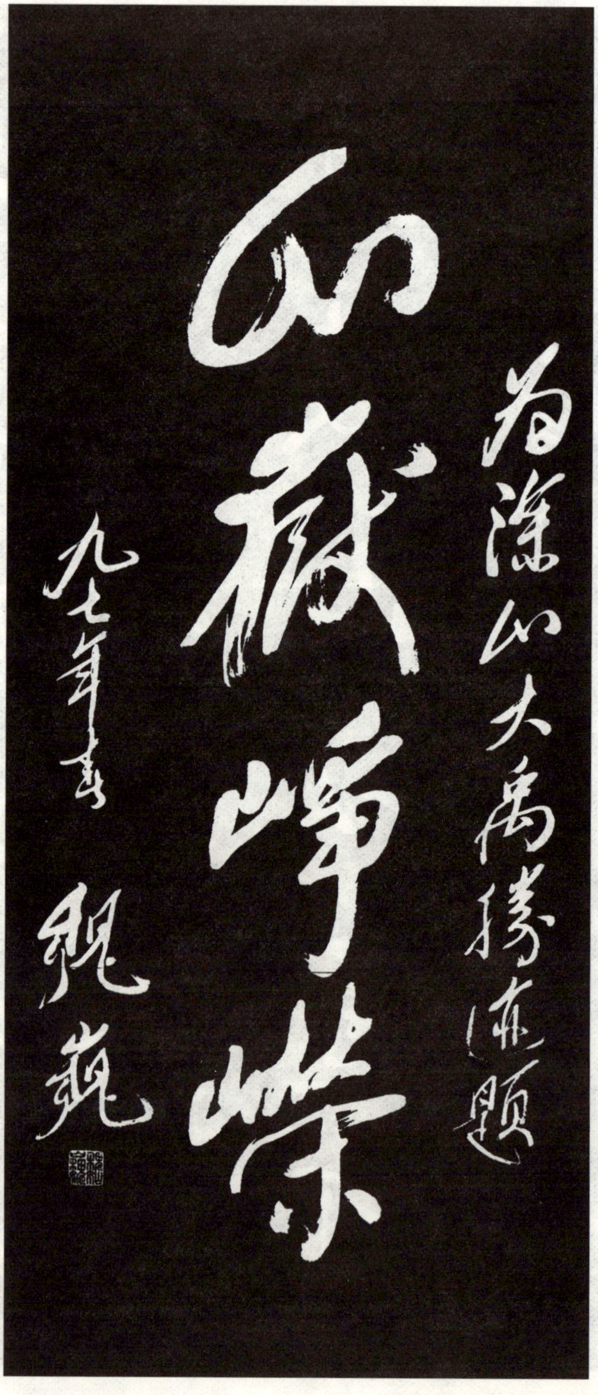

碑　文　山岳峥嵘

——为涂山大禹胜迹题

九七年春魏巍

作者简介　魏巍，原名魏鸿杰，河南郑州人，当代著名散文家、小说家、诗人。1951 年 4 月 11 日《人民日报》刊登其《谁是最可爱的人》，在全国引起广泛影响。1981 年，长篇小说《东方》获首届茅盾文学奖。

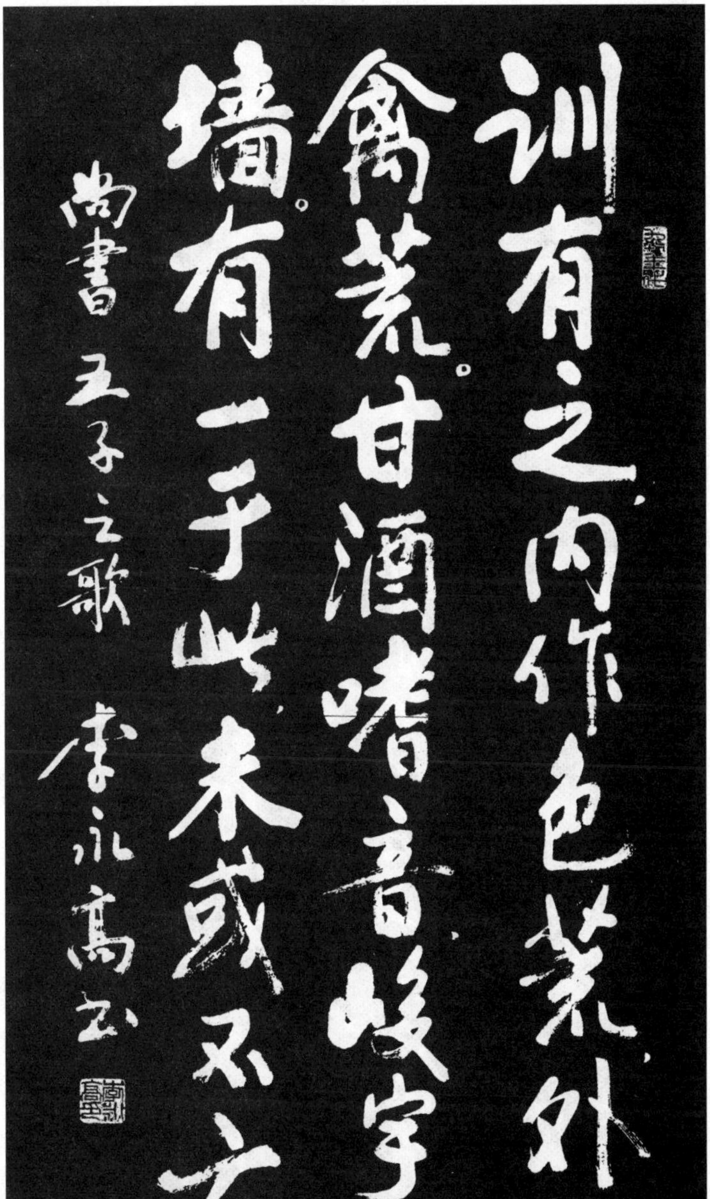

李永高·录《尚书·五子之歌》

碑　文　训有之,内作色荒，外作禽荒，甘酒嗜音，峻宇雕墙,有一于此,未或不亡。

——《尚书·五子之歌》 李永高书

作者简介　李永高,1929 年生于江苏，中国书协会会员,曾任中国老年书画研究会副会长,解放军后勤部老年书画研究会副会长。

梁上泉·大禹涂山颂

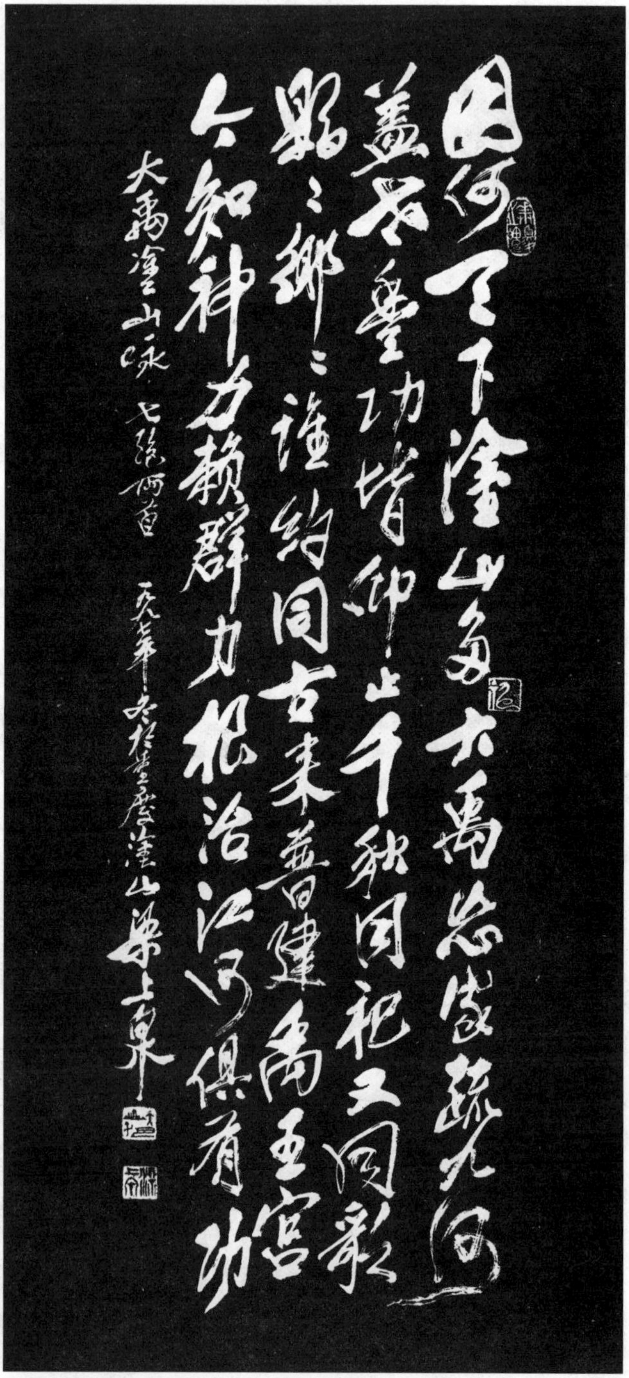

碑　文　因何天下涂山多,大禹忘家疏九河。盖古垂功皆仰止，千秋同祀又同歌。

县县乡乡谛约同，古来普建禹王宫。今知神力赖群力，根治江河俱有功。

——大禹涂山咏七绝两首 一九九七年冬于重庆涂山 梁上泉

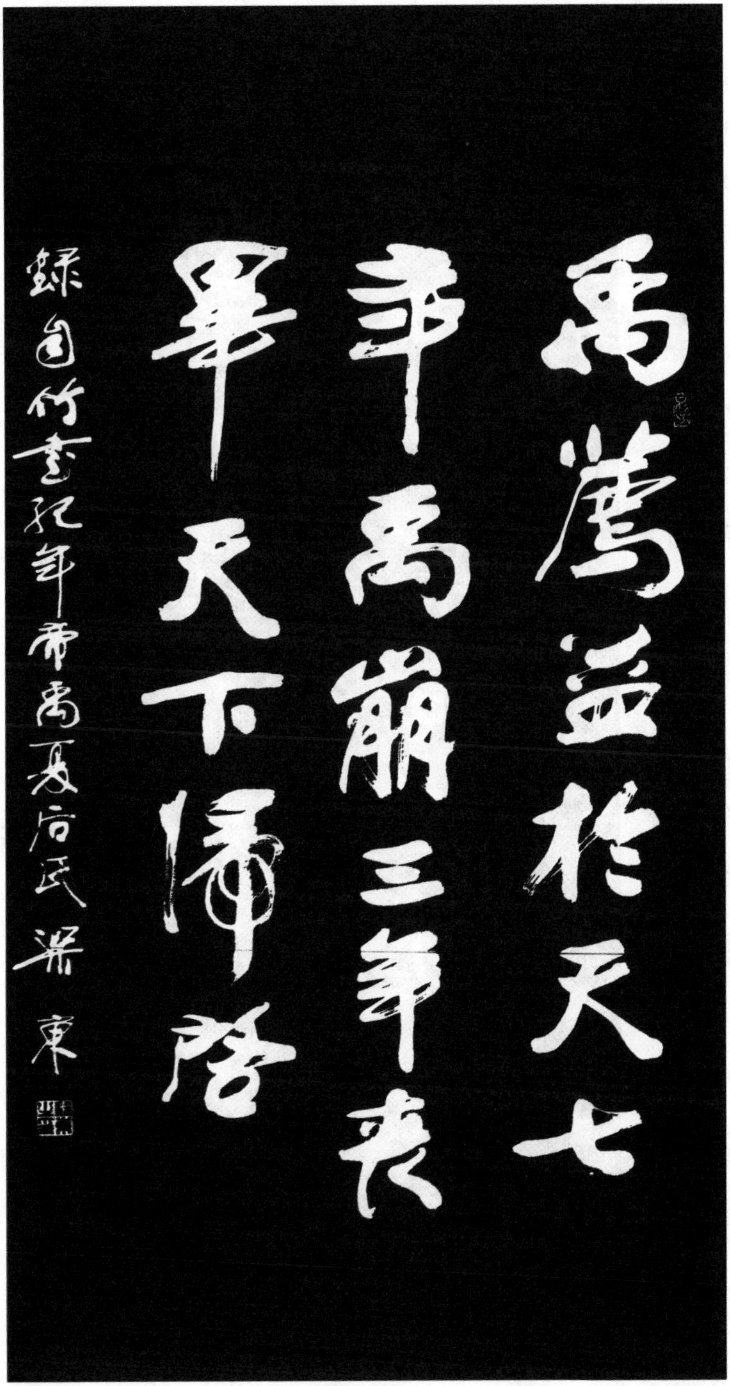

梁　东·录《竹书纪年·帝禹夏后氏》

碑　文　禹荐益于天，七年禹崩，三年丧毕，天下归启。

——录自《竹书纪年·帝禹夏后氏》梁东

作者简介　梁东，安徽省安庆市人，曾任中国书协理事，中国煤矿文联主席、书协主席。著名书法家、诗人。

黎光祖·唐杜甫《禹庙》

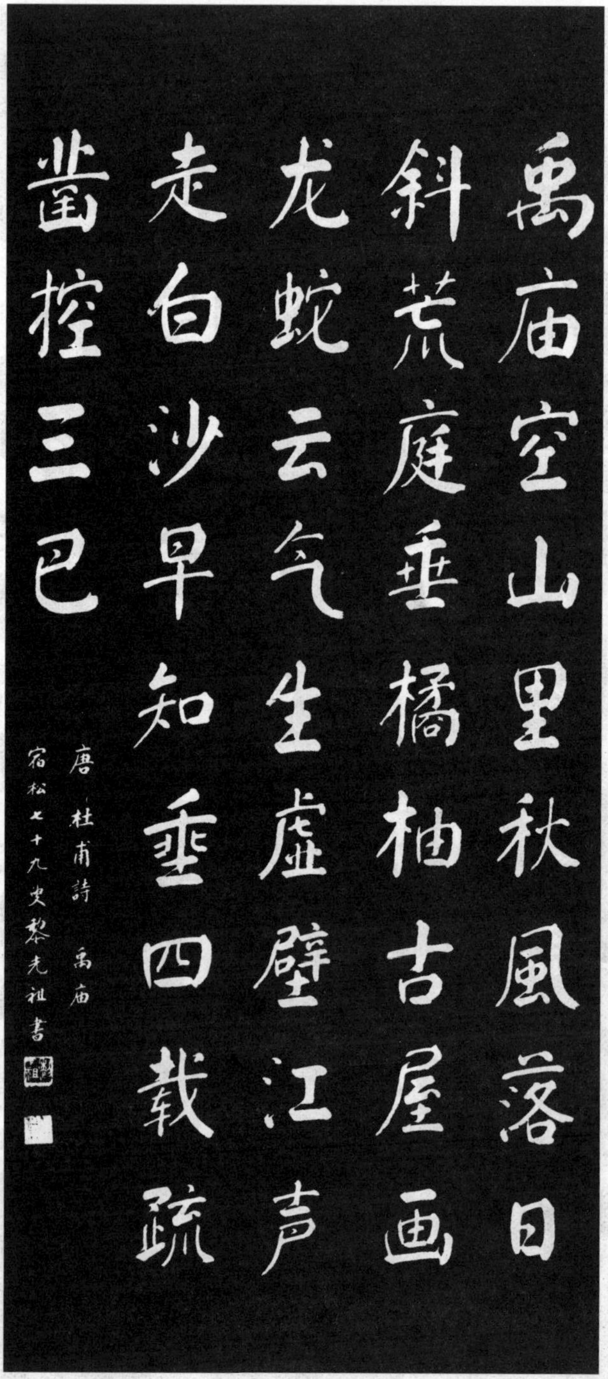

碑　文

禹庙空山里，秋风落日斜。
荒庭垂橘柚，古屋画龙蛇。
云气生虚壁，江声走白沙。
早知乘四载，疏凿控三巴。
——唐杜甫诗《禹庙》
宿松七十九叟　黎光祖书

作者简介　黎光祖(1915—2006)，安徽宿松县人，安徽书协名誉理事，黄山书画院名誉院长，安徽省松园竹雨艺术家学社社长。

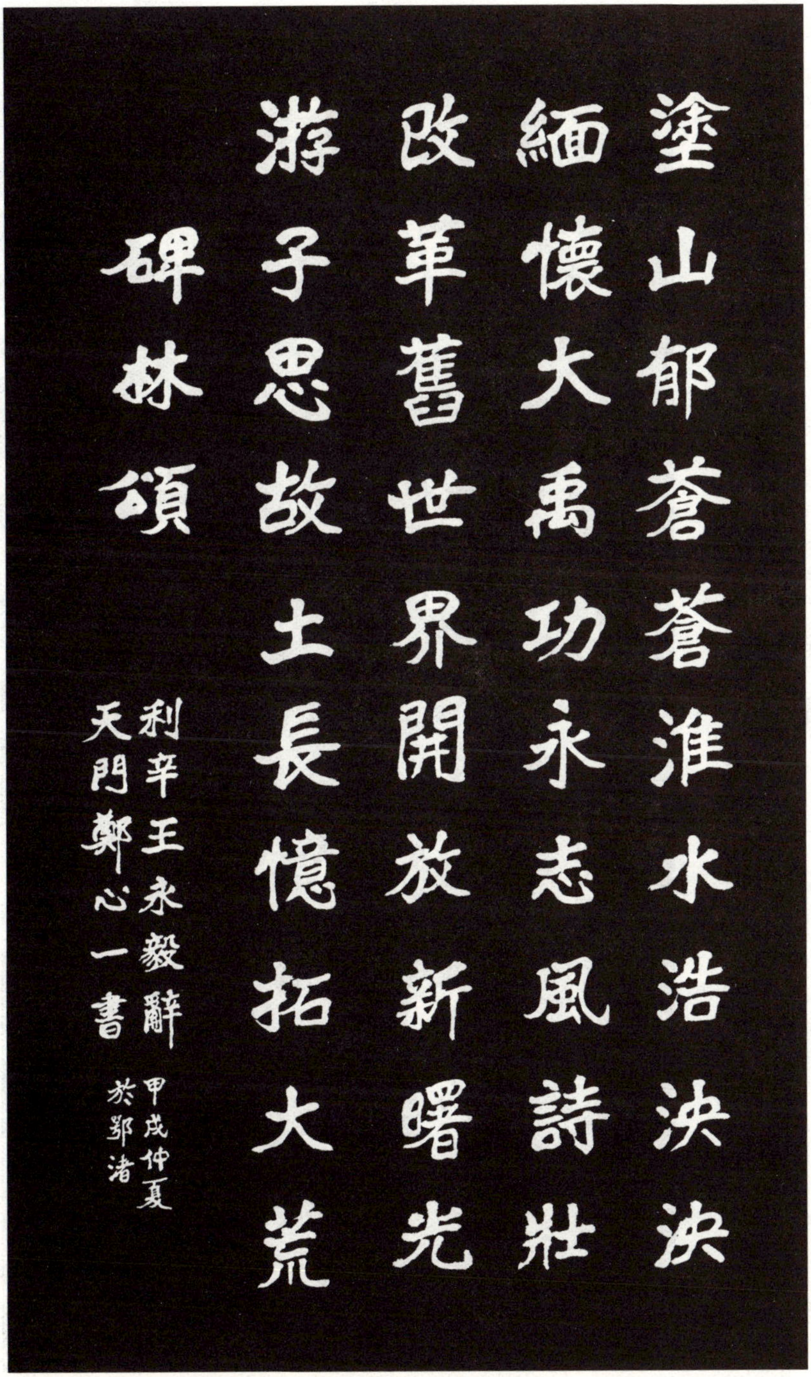

郑心一·碑林颂

碑　文　涂山郁苍苍，淮水浩泱泱。缅怀大禹功,永志风诗壮。改革旧世界,开放新曙光。游子思故土，长忆拓大荒。

——碑林颂

利辛王永毅辞
天门郑心一书
甲戌仲夏于鄂渚

李峰山·大禹之乡 水利始祖

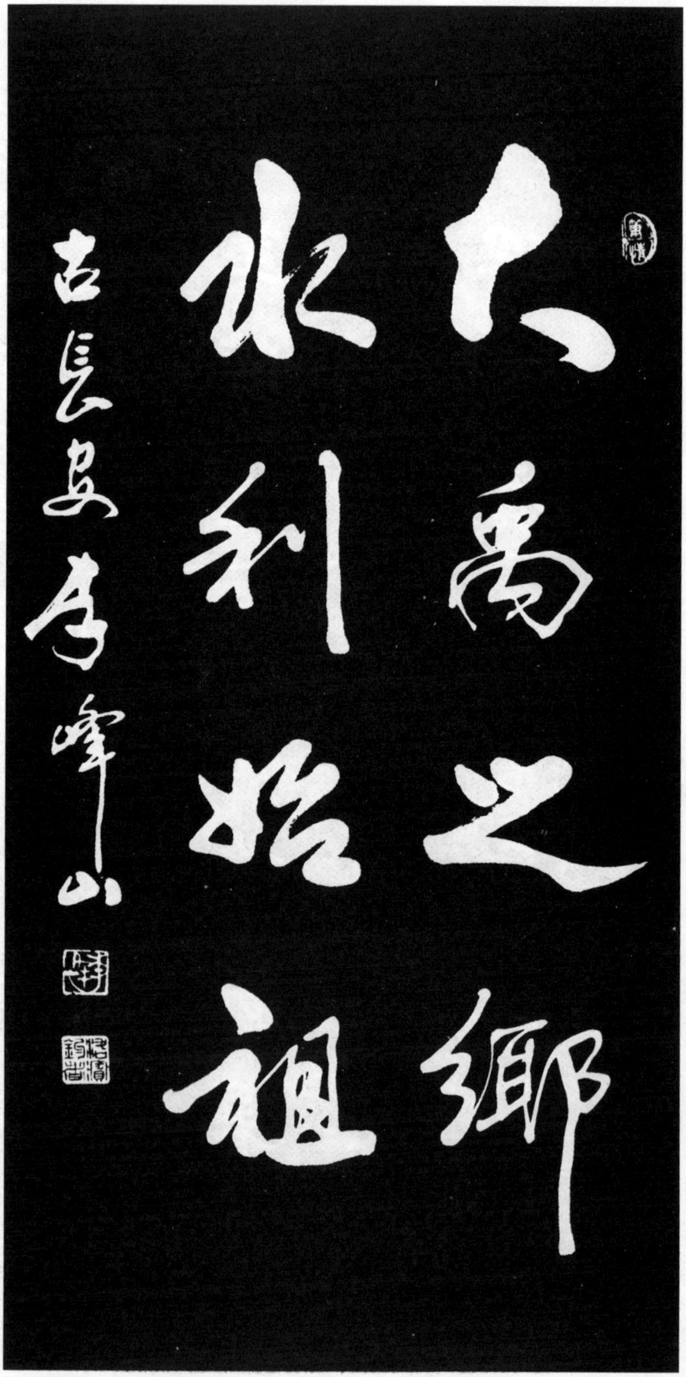

碑　文　大禹之乡
水利始祖

——古长安李峰山

作者简介　李峰山，1924 年生，陕西蒲城人。中国书协会员、中国书画家协会会员、东方书画家协会会员，陕西省书协会员、陕西省美协会员，陕西老年书画学会名誉理事长，陕西省老年大学书法教授。

严振华·录《吕氏春秋·开春论·爱类》

碑　文　昔上古龙门未开，吕梁未发，河出孟门，大溢逆流，无有丘陵沃衍、平原、高阜，尽皆灭之，名曰“鸿水”。禹于是疏河决江，为彭蠡之障，乾东土，所活者千八百国。此禹之功也。

——《吕氏春秋·开春论·爱类》关中 严振华

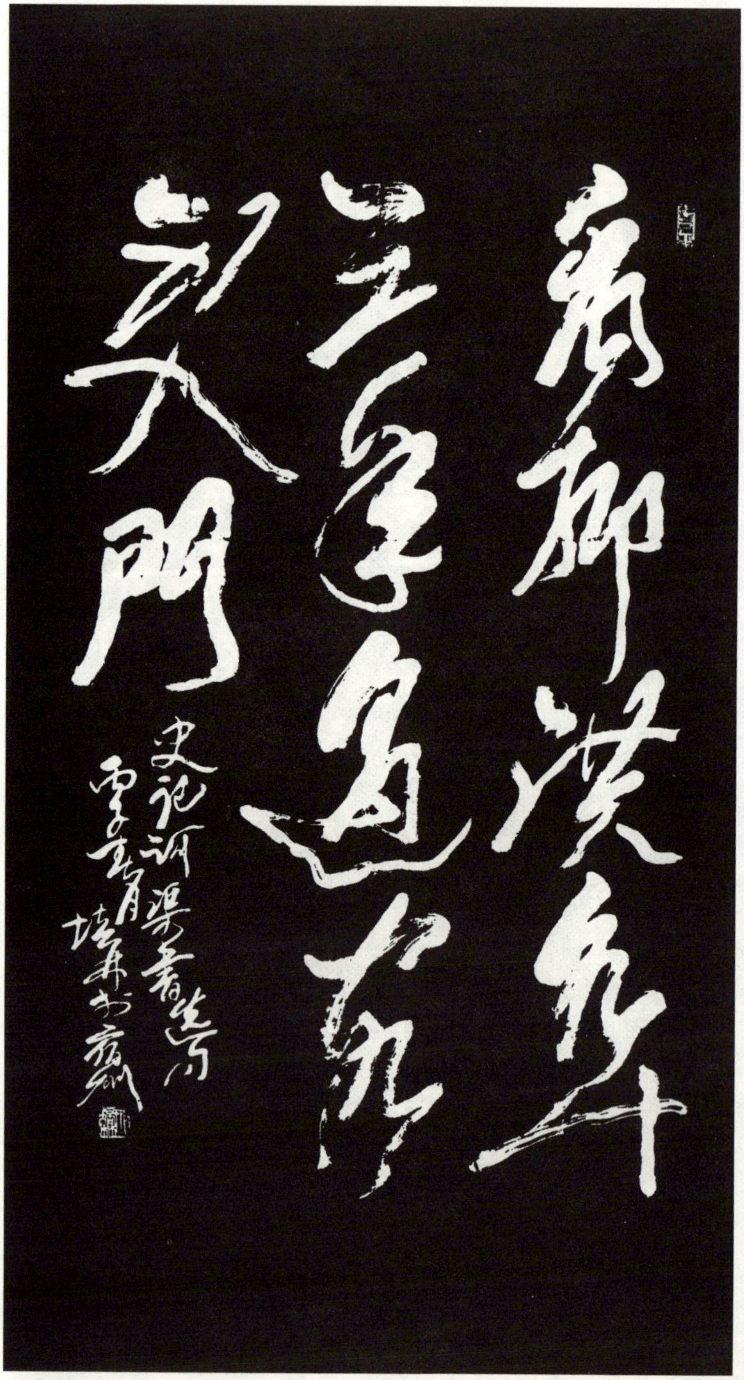

邢培林·录《史记·河渠书》句

碑　文　禹抑洪水十三年　过家不入门

　　——《史记·河渠书》选句 丙子春月培林书于宿州

作者简介　邢培林，号半庐居士，安徽凤阳人，中国书法家协会会员，宿州市书法家协会常务副主席，曾师从著名书法家李百忍先生。

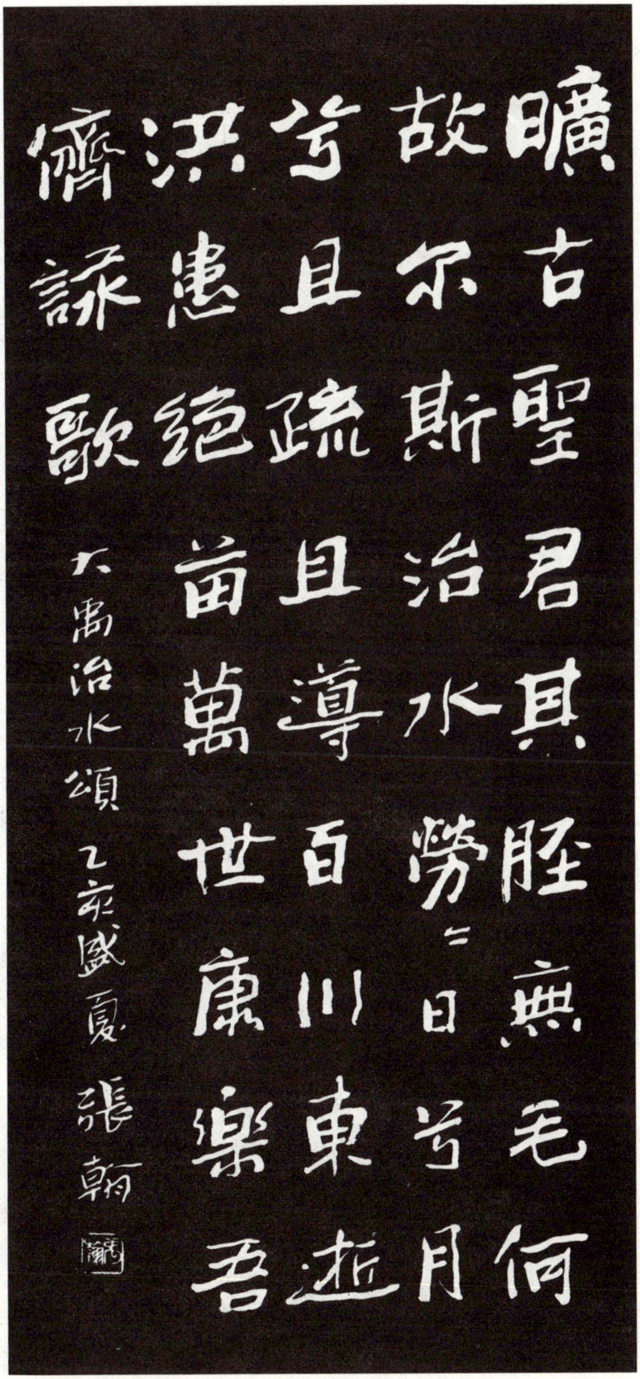

张　翰·大禹治水颂

碑　文　旷古圣君，其胫无毛。何故尔斯，治水劳劳。日兮月兮，且疏且导。百川东逝，洪患绝苗。万世康乐，吾侪咏歌。

——大禹治水颂 乙亥盛夏张翰

作者简介　张翰，安徽萧县人，中国书协会员、安徽书协副主席、安徽篆刻研究会副会长，中华书法教育学会常务理事，安徽书法函授院院长。

王赤极·涂山颂

碑　文　涂山青翠禹帝德　淮河碧流万年丰

——一九九四年十二月 王赤极

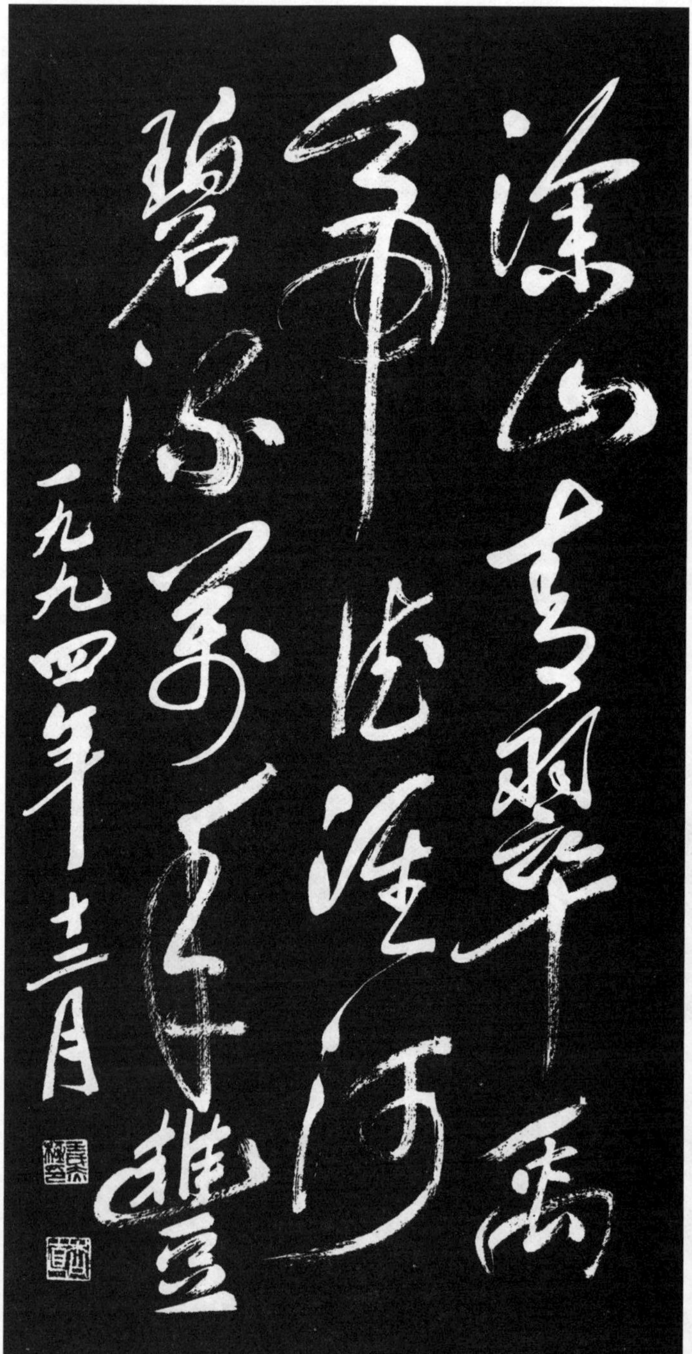

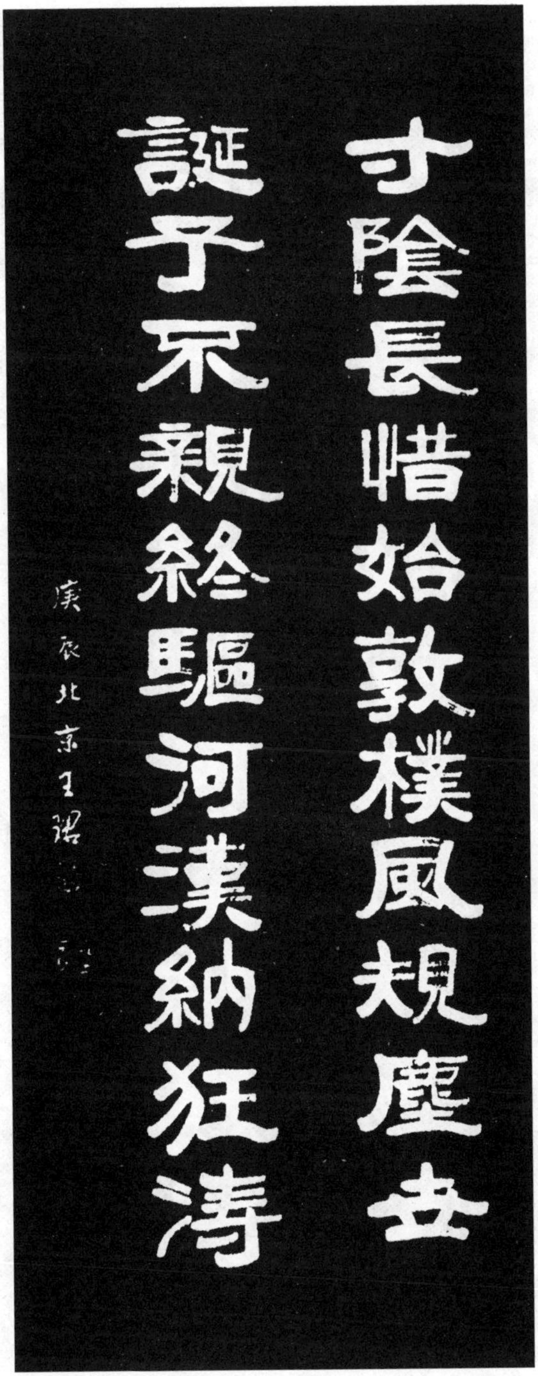

王　珺·大禹颂楹联

碑　文

寸阴长惜始敦朴风规尘世

诞子不亲终驱河汉纳狂涛

——庚辰北京王珺

作者简介　王珺,河北定县人,1920年生,曾任中共中央调查部副部长,国际关系学院院长,国家安全部副部长,中国老年书画研究会常务副会长。

王舒冰·苏轼《濠州七绝·涂山》

碑　文　川锁支祁水尚浑，地埋汪罔骨应存。樵苏已入黄熊庙，乌鹊犹朝禹会村。

——己卯年春月书东坡居士《濠州七绝·涂山》诗一首，为蚌埠市淮河碑林贺　王舒冰

作者简介　王舒冰，河北唐县人，教授。曾任中国老年书画研究会、中国农民书画研究会副会长，中国书画函授大学北京二分校名誉校长，北京市朝阳区金台艺术培训学校董事长。

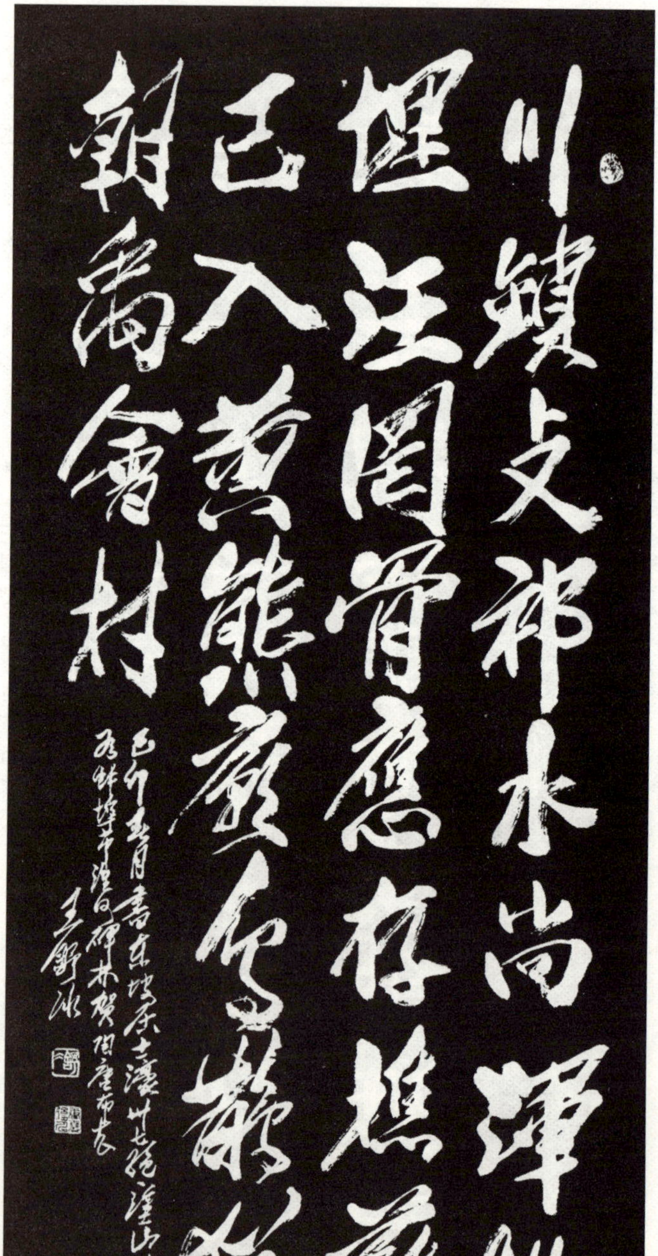

贺敬之·题涂山禹迹

碑　文

夏之兴　禹涂功　三不视　九州治

——柳宗元《天对》肢离厥肤 三门以不眡（视）

题蚌埠市涂山禹迹 贺敬之

作者简介　贺敬之，山东枣庄人，现代诗人、剧作家。曾任中宣部副部长，文化部副部长、代部长。

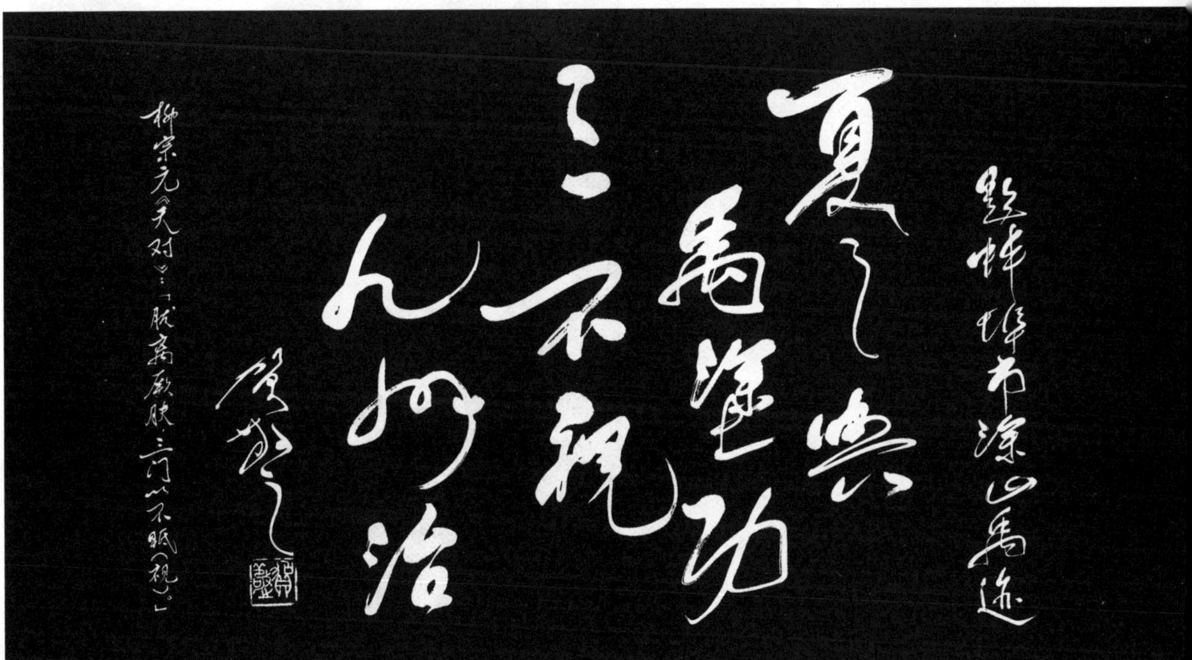

杜宏本·禹　魂

碑　文　禹　魂

——一九九三年春 杜宏本

作者简介　杜宏本，1924年生于北京市门头沟区斋堂镇。14岁参加革命工作，建国后历任蚌埠市市长、安徽省商业厅厅长、中共合肥市委副书记、合肥市人大常委会主任、安徽省人大常委会副主任。1993年离休，任中国老年书画研究会顾问、安徽炳烛诗书画联谊会会长、安徽老年书画联谊会副会长。

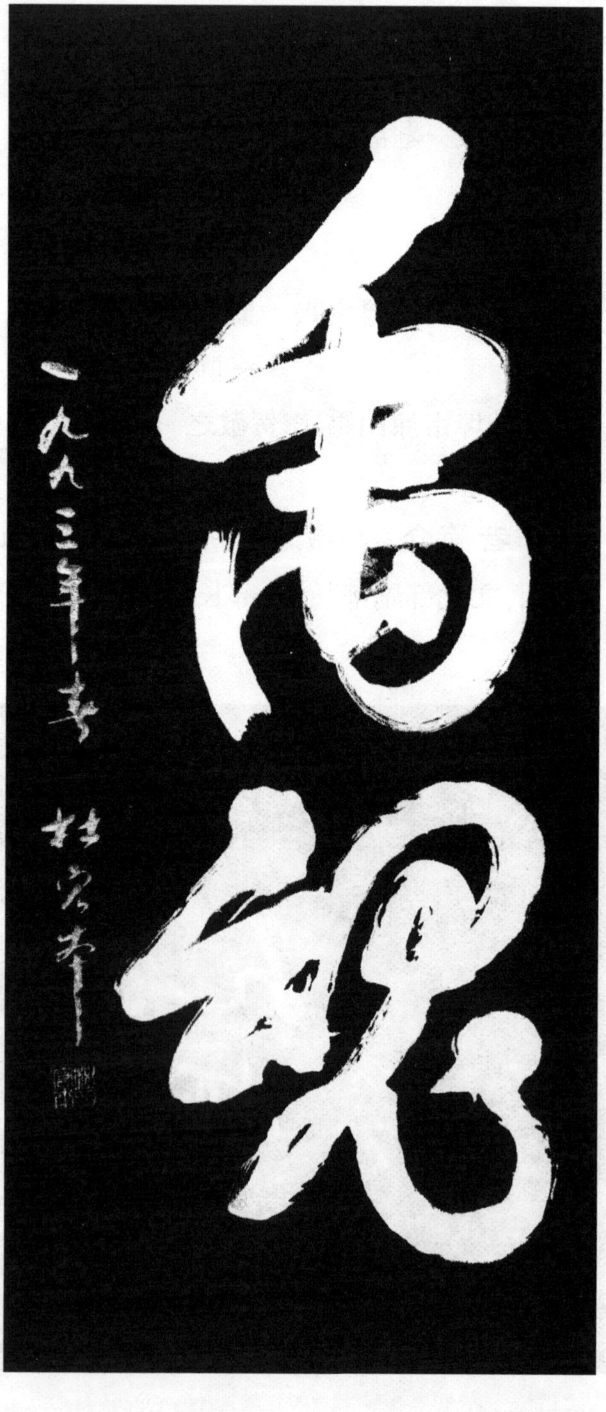

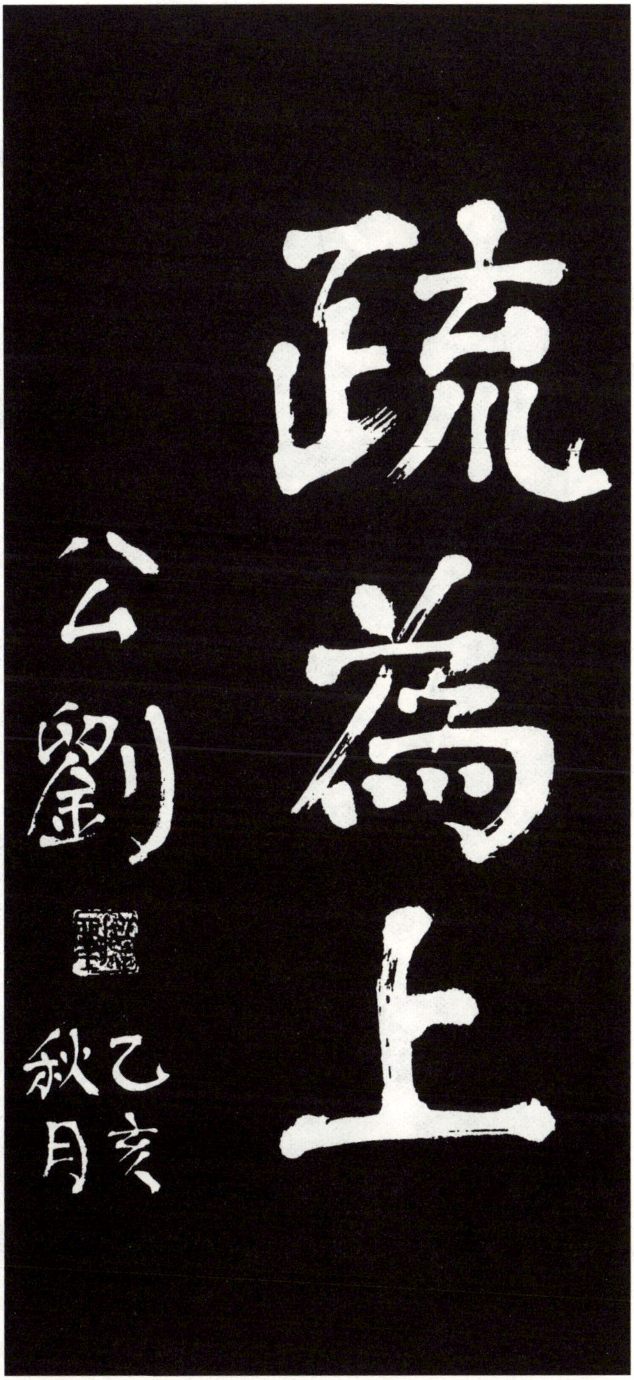

公　刘·疏为上

碑　文　疏为上

——公刘乙亥秋月

作者简介　公刘，1927年生，原名刘仁勇，又名刘耿直，江西省南昌市人。当代著名诗人、作家，曾任中国作协理事。

沈鸿根·涂山大禹颂

碑　文

建涂山胜迹　扬大禹精神

——建淮河碑林益在当代功千秋 己卯年阳春三月 江鸟并书

作者简介　沈鸿根，笔名江鸟，中国书法家协会会员，上海中华书画协会副会长，上海市书法家协会硬笔书法家联谊会首任会长，《硬笔书法天地》网站高级顾问。

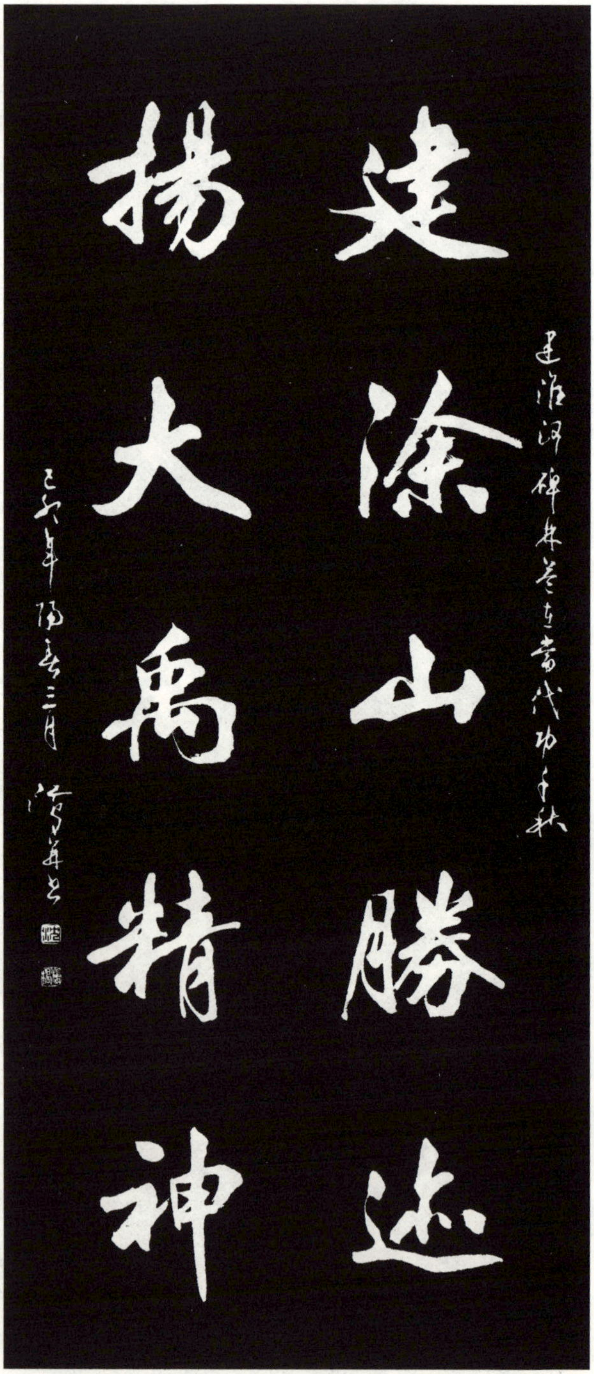

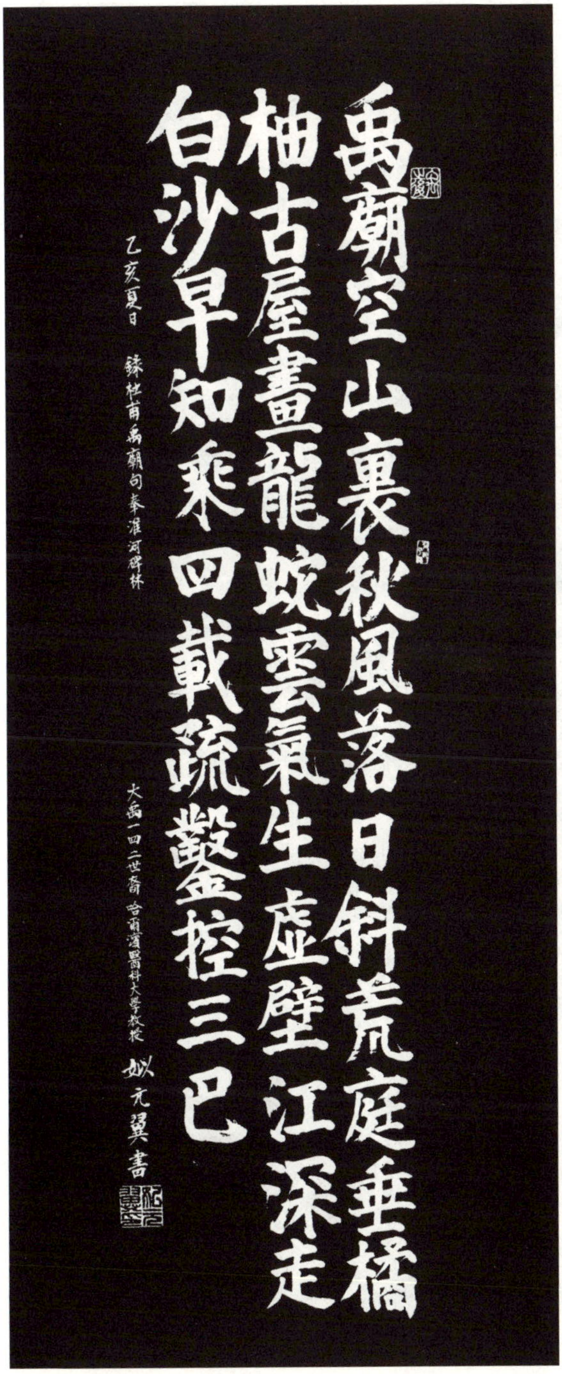

姒元翼·杜甫《禹庙》

碑　文　禹庙空山里，秋风落日斜。荒庭垂橘柚，古屋画龙蛇。云气生虚壁，江深走白沙。早知乘四载，疏凿控三巴。

——乙亥夏日录杜甫《禹庙》句　奉淮河碑林　大禹一四二世裔哈尔滨医科大学教授姒元翼书

作者简介　姒元翼，哈尔滨医科大学教授，曾任哈医大医史教研室主任，为夏禹后裔。

顾廷龙·录屈原《天问》句

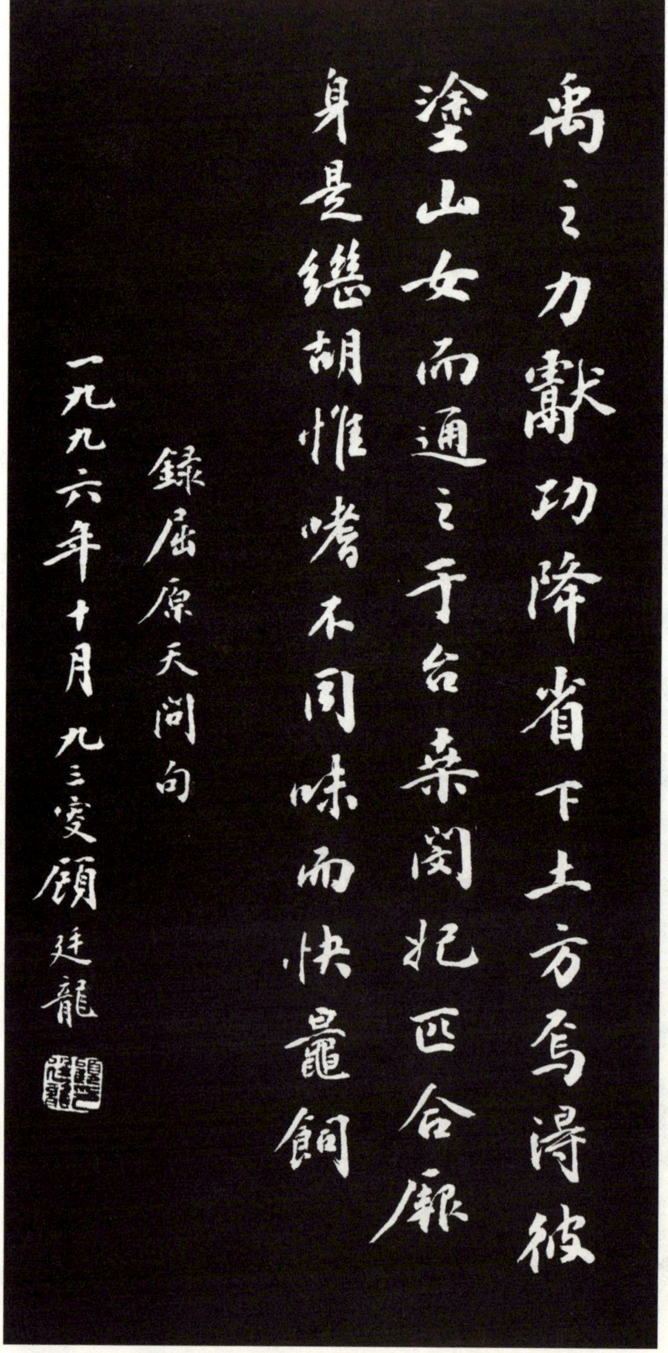

碑　文

禹之力献功，降省下土四方。焉得彼涂山女，而通之于台桑？闵妃匹合，厥身是继。胡惟嗜不同味，而快朝饱？

——录屈原《天问》句

一九九六年十月九三岁

顾廷龙

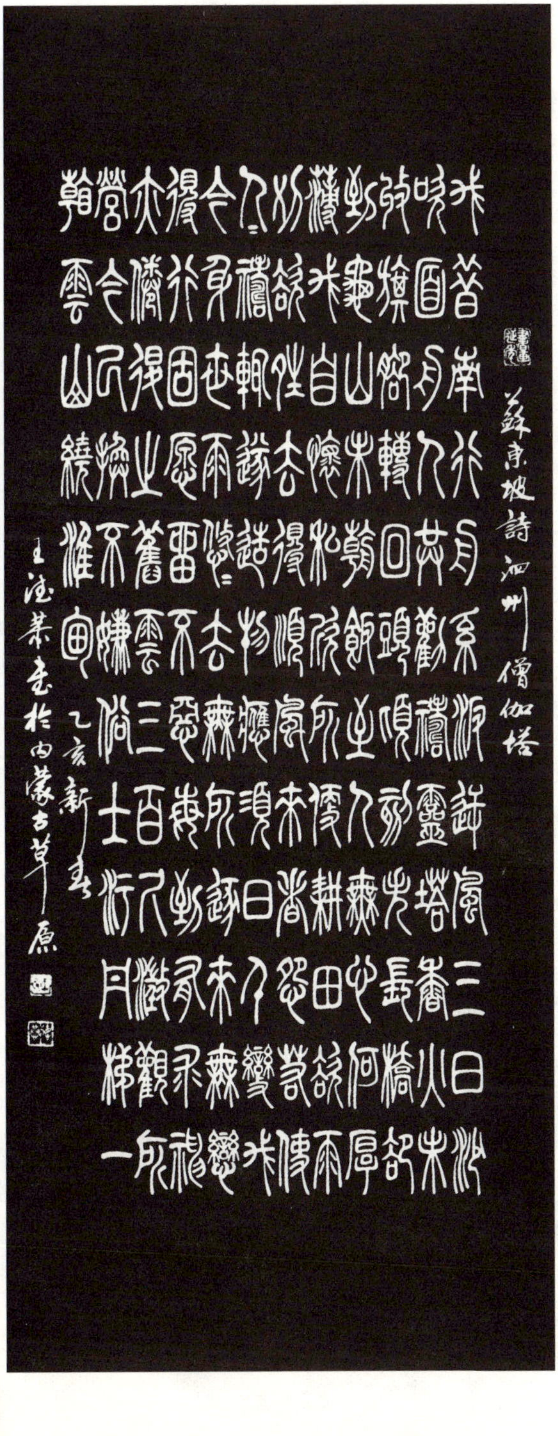

王德恭·苏东坡诗《泗州僧伽塔》

碑　文

我昔南行舟系汴，逆风三日沙吹面。
舟人共劝祷灵塔，香火未收旗脚转。
回头顷刻失长桥，却到龟山未朝饭。
至人无心何厚薄，我自怀私欣所便。
耕田欲雨刈欲晴，去得顺风来者怨。
若使人人祷辄遂，告物应须日千变。
我今身世两悠悠，去无所逐来无恋。
得行固愿留不恶，每到有求神亦倦。
退之旧云三百尺，澄观所营今已换。
不嫌俗士污丹梯，一看云山绕淮甸。

——乙亥新春　王德恭书于内蒙古草原

作者简介　王德恭，中国书协会员。历任中国书协篆书专业委员会委员，中国书协创作委员会会员，内蒙古自治区书协副主席、文史研究馆副馆长、文联副主席、乌海书画院院长。

臧克家·大禹颂

碑　文　大禹精神永存

——臧克家题

作者简介　臧克家，山东省诸城人，现代杰出诗人。曾任中国作协理事、顾问、名誉副主席，中国诗歌学会会长，中国毛泽东诗词研究会名誉会长。

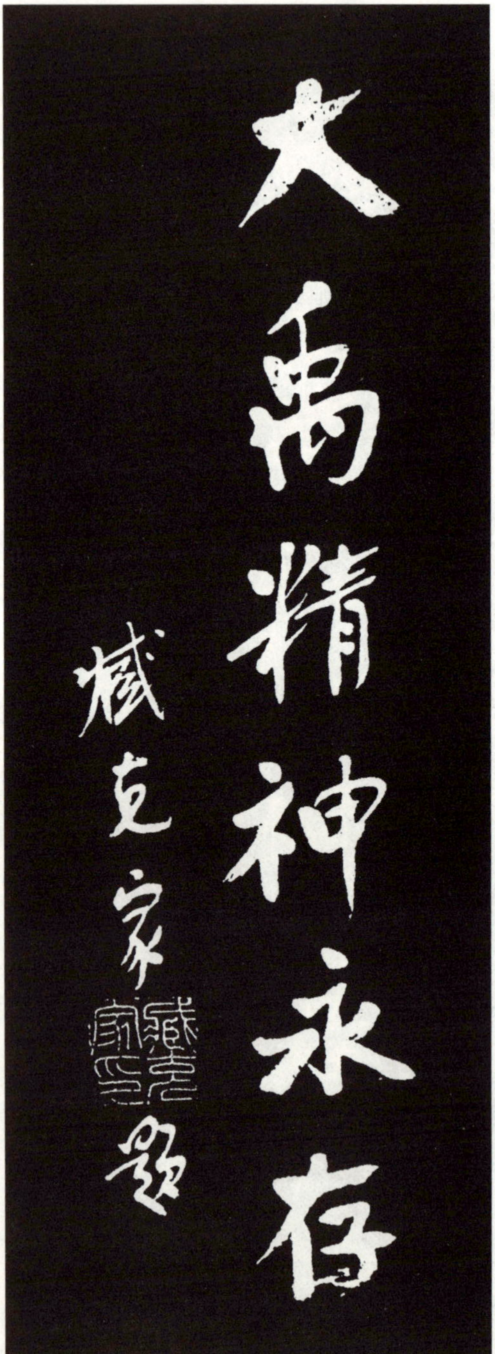

王学仲·圣水亭

碑　文　圣水亭

——己卯新正 王学仲题

作者简介　王学仲，1925 年生于山东滕州，曾任中国书协副主席、书协顾问，中国书画网艺术顾问，天津大学研究生院艺术研究所所长、教授，天津市书法家协会主席。

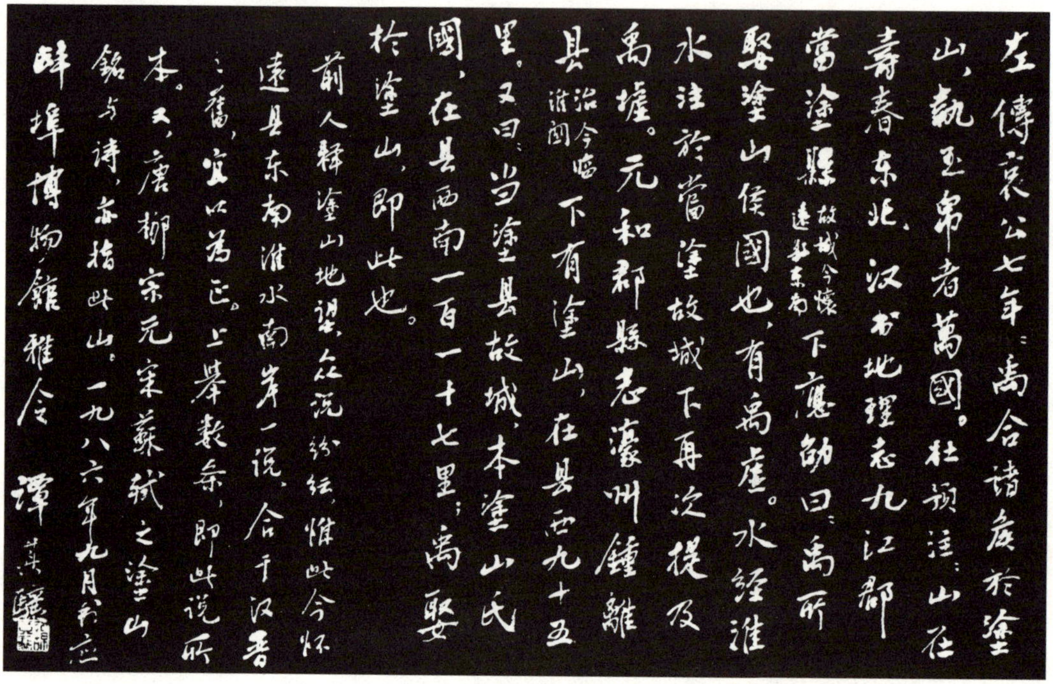

谭其骧·涂山地望

碑　文　《左传·哀公七年》:禹合诸侯于涂山,执玉帛者万国。杜预注:山在寿春东北,《汉书·地理志》九江郡当涂县(故城怀远县东南)下,应劭曰:禹所娶涂山侯国也,有禹墟。《水经·淮水注》于当涂故城下,再次提及禹墟。《元和郡县志》濠州钟离县(治今临淮关)下有涂山,在县西九十五里,又曰:当涂县故城,本涂山氏国,在县西南一百一十七里,禹娶于涂山,即此也。

前人释涂山地望,众说纷纭,惟此今怀远县东南淮水南岸一说,合于汉晋之旧,宜以为正。上举数条,即此说所本。又,唐柳宗元、宋苏轼之《涂山铭》与诗,亦指此山。一九八六年九月书应蚌埠博物馆雅令。

——谭其骧

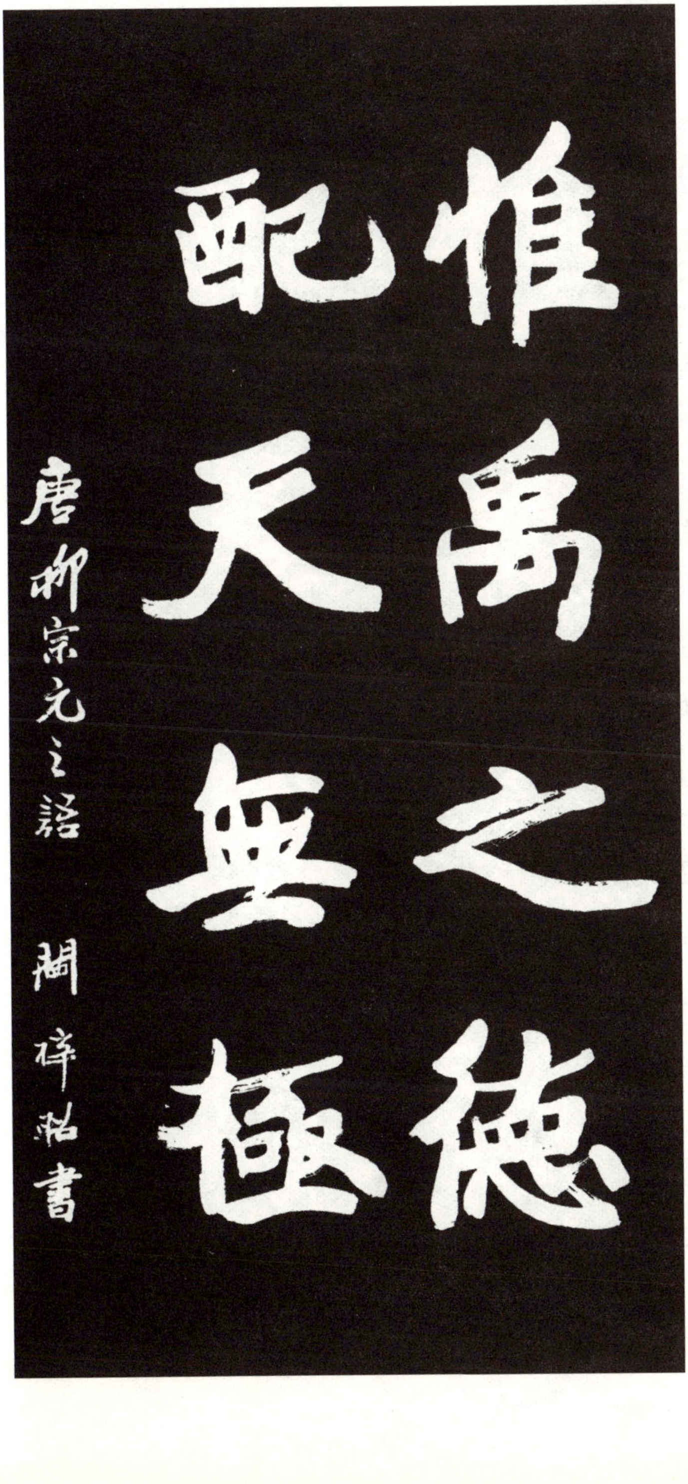

阎梓昭·录《涂山铭》句

碑　文　惟禹之德　配天无极

——唐柳宗元之语

阎梓昭书

作者简介　阎梓昭，1924 年生，安徽萧县人，中国书法家协会会员，中国书画收藏家协会会员。宿州市书协顾问，萧县老年书画研究会会长。

蔡华林·录《论语·阳货》句

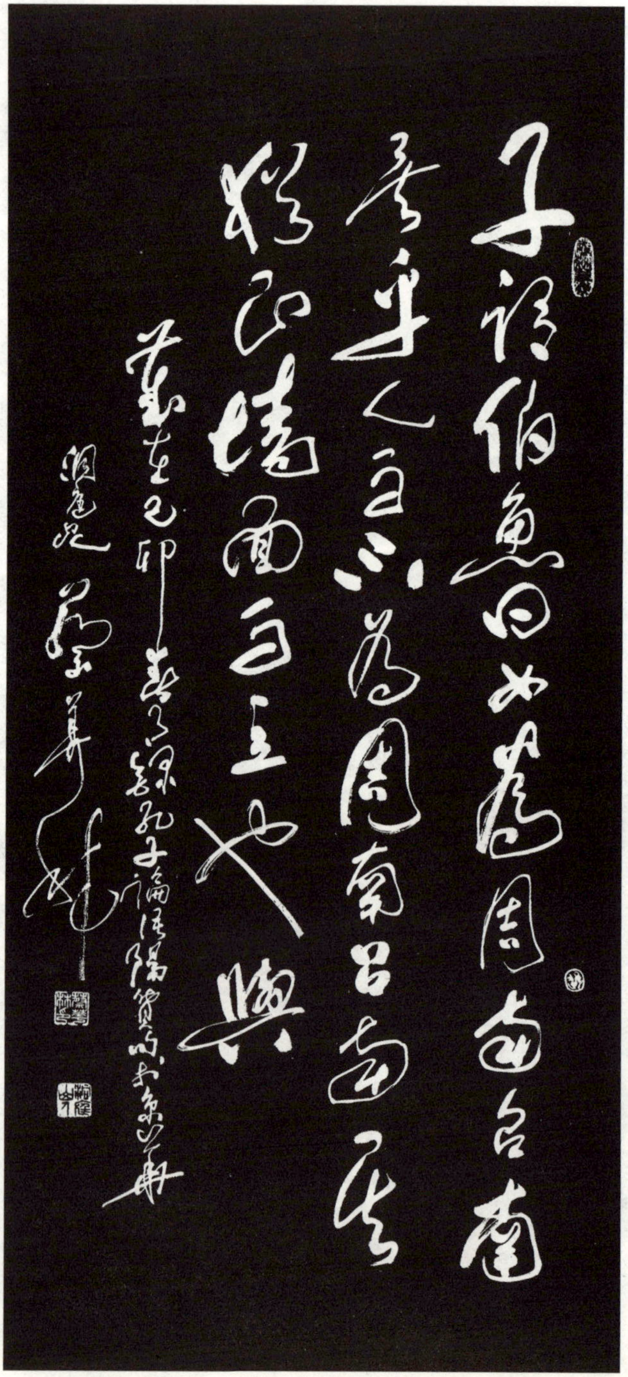

碑　文　子谓伯鱼曰:“女为《周南》《召南》矣乎?人而不为《周南》《召南》,其犹正墙面而立也与!”

——岁在己卯年春月,录孔子《论语·阳货》于京华洞庭山人 蔡华林

作者简介　蔡华林,1926年生,湖南益阳人,中国书法家协会北京分会会员。曾任中国书法艺术研究院秘书长兼书法研究部部长。

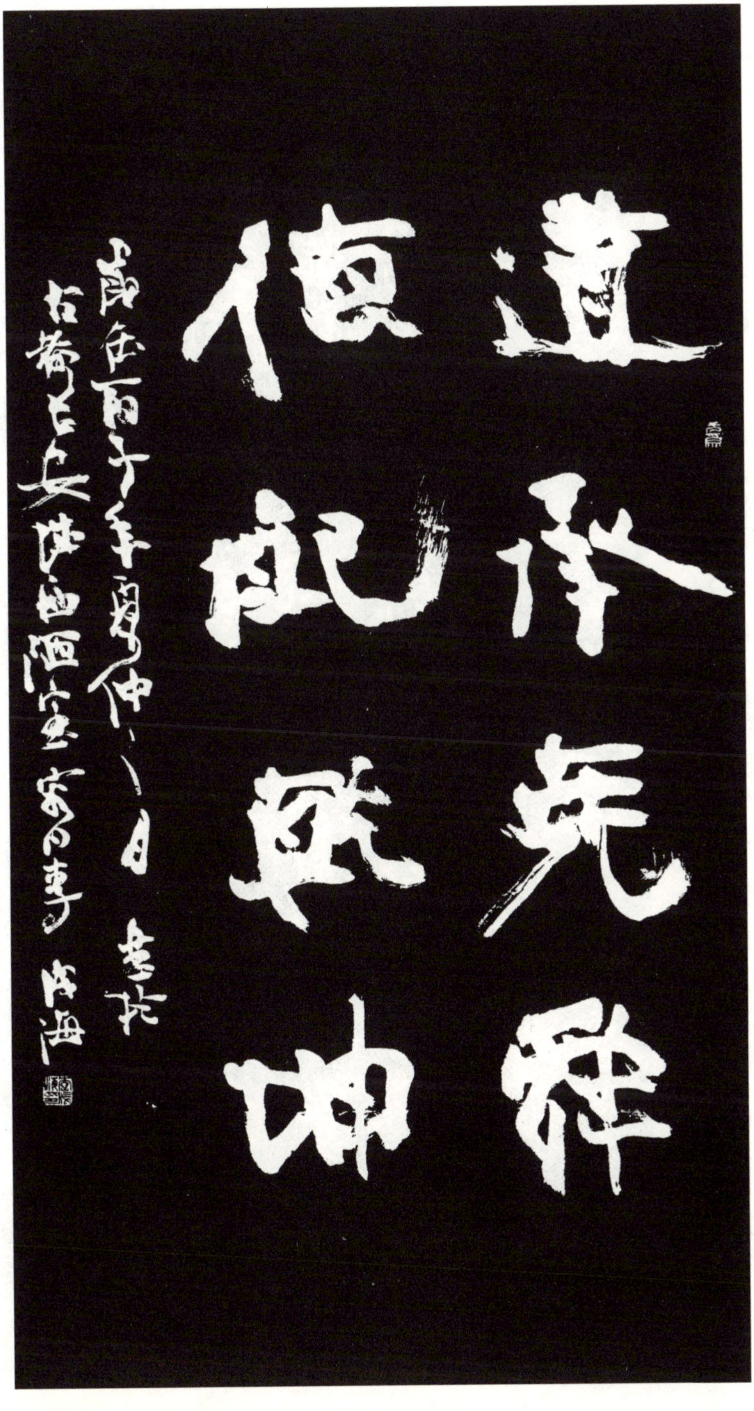

李成海·大禹颂

碑 文 道承尧舜德配乾坤

——岁在丙子年夏仲月 书于古都长安陕西陋室容川李成海

作者简介 李成海,号容川,斋号粟庵、赏荷轩,祖籍河南,生于西安。国家一级美术师、中国书协会员、陕西省书协名誉主席、陕西省文史研究馆馆员、陕西省望贤书学会会长、陕西省于佑任书法协会顾问、终南印社艺术顾问。

苍山老人·录《淮南子·氾论训》句

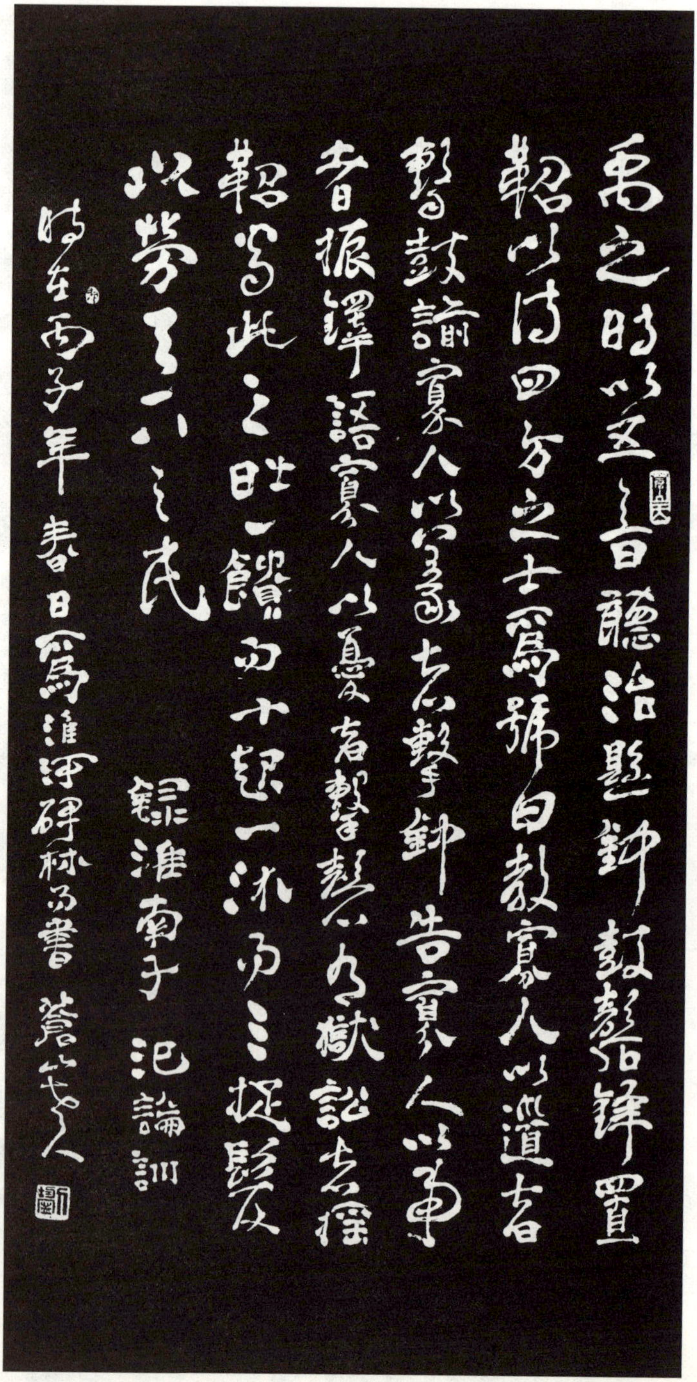

碑　文　禹之时，以五音听治，悬钟鼓磬铎，置鼗，以待四方之士。为号曰：教寡人以道者击鼓，谕寡人以义者击钟，告寡人以事者振铎，语寡人以忧者击磬，有狱讼者摇鼗。当此之时，一馈而十起，一沐而三捉发，以劳天下之民。

——丙子年春日所为淮河碑林而书苍山老人

作者简介　苍山老人（刁均宁），1924 年生，原居安徽省含山城南苍山，故以“苍山”为号。中国戏协会员，国家一级编剧，中国通俗小说研究会会员，安徽省通俗小说研究会副会长。

蔡长春·录赵炯然《涂山》诗句

碑　文

涂山千古临淮水

禹殿嵯峨天际留

——明赵炯然诗句

甲戌年大暑 淮河碑林落成纪念 蔡长春

作者简介　蔡长春，1930年生，江苏盐城人。福建省书协会员、老年大学书学会会长，福建省军区老战士书画协会常务理事。

杨　爝·归　源

碑　文

归　源

——辛未菊月杨爝题

作者简介　杨爝，1929年生。笔名楣丁，号铁父，四川南溪人。中国诗书画研究会会员，中国书法家协会会员，四川省书法家协会会员。

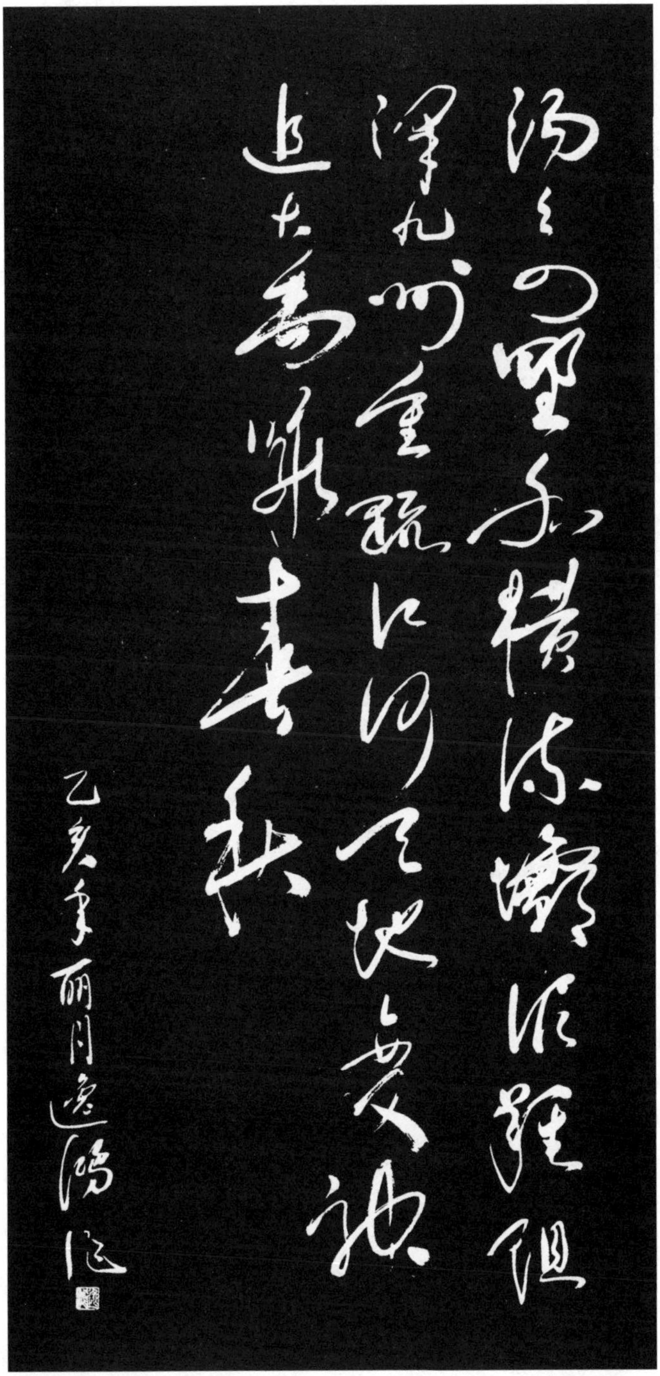

逸　鸿·大禹治水颂

碑　文

汤汤四野水横流，
坝泥难阻泽九州；
重疏江河天地变，
神追大禹哗春秋。
——乙亥年丽月逸鸿作

胡洁青·录晋王夫人《启母涂山颂》句

碑　文　永系天晖

——胡洁青

作者简介　胡洁青，北京市人，女，满族，原名玉贞，笔名燕崖、胡春，号洁青，老舍夫人，齐白石的入室弟子，高级画师。中国著名女画家。曾任中国美术家协会会员，中国书法家协会会员。北京中国花鸟画研究会顾问。

完颜艺舟·录《吕氏春秋·音初》句

碑　文　禹行功,见涂山氏之女。禹未之遇,而巡省南土。涂山氏之女,乃令其妾待禹于涂山之阳。女乃作歌,歌曰“候人兮猗”,实始作为“南音”。周公及召公取风焉,以为“周南”“召南”。

——录《吕氏春秋·音初》乙亥冬完颜艺舟

作者简介　完艺舟,族名完颜艺舟,满族,安徽省肥东人。中国书协会员、中国戏剧家协会会员。曾任中国戏曲学会常务理事、安徽戏剧家协会副主席、安徽书协常务理事。

孔亚兵·录《尚书·五子之歌》句

碑 文 皇祖有训，民可近，不可下。民惟邦本，本固邦宁。予临兆民，懔乎若朽索之驭六马；为人上者，奈何不敬？

——乙亥孔亚兵

作者简介 孙亚兵，山东曲阜人，《人民政协报》山东记者站站长。中国书画家协会理事，山东省书法家协会会员，山东省新闻美术家协会会员，山东历山画院秘书长。

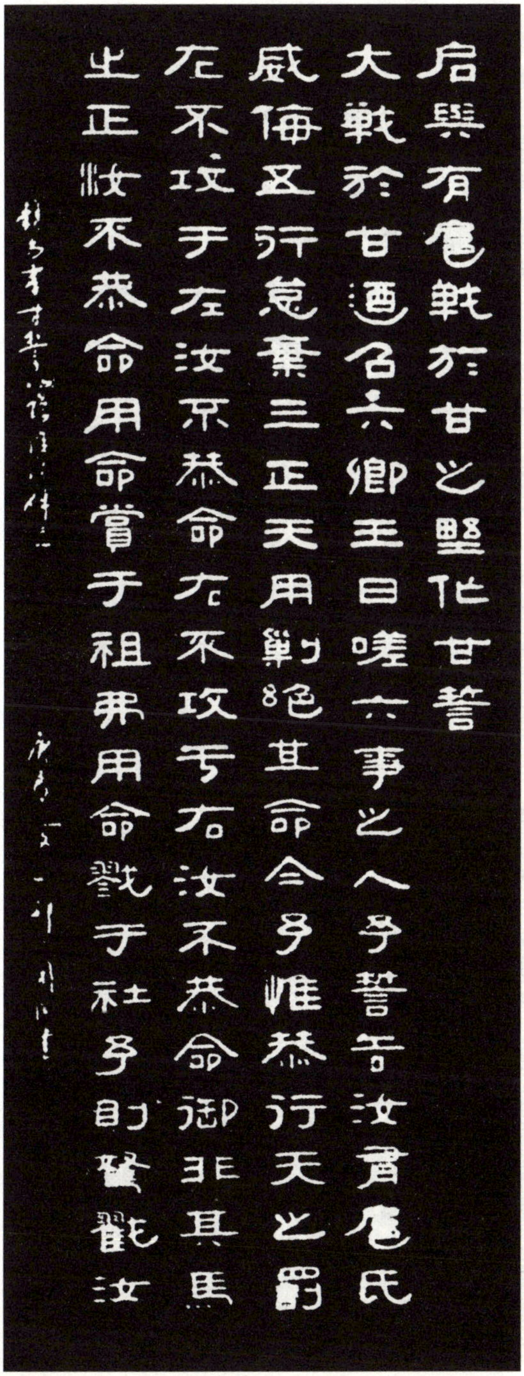

周　　际·录《尚书·甘誓》

碑　　文　启与有扈氏战于甘之野作《甘誓》

大战于甘，乃召六卿。王曰："嗟！六事之人，予誓告汝：'有扈氏威侮五行，怠弃三正。天用剿绝其命，今予惟恭行天之罚。左不攻于左，汝不恭命；右不攻于右，汝不恭命；御非其马之正，汝不恭命。用命，赏于祖；弗用命，戮于社，予则孥戮汝'。"

——录《尚书·甘誓》之语

庚辰夏周际书

作者简介　周际，江苏扬州人，军旅书法家，曾供职于蚌埠某军事院校。

马成邦·录《墨子·节葬》

碑　文　禹东教乎九夷，道死，葬会稽之山，衣衾三领，桐棺三寸，葛以缄之，绞之不合，通之不坎，土地之深，下毋及泉，上毋通臭，既葬，垄若参耕之亩，则止矣。

——摘自《墨子·节葬》　马成邦书

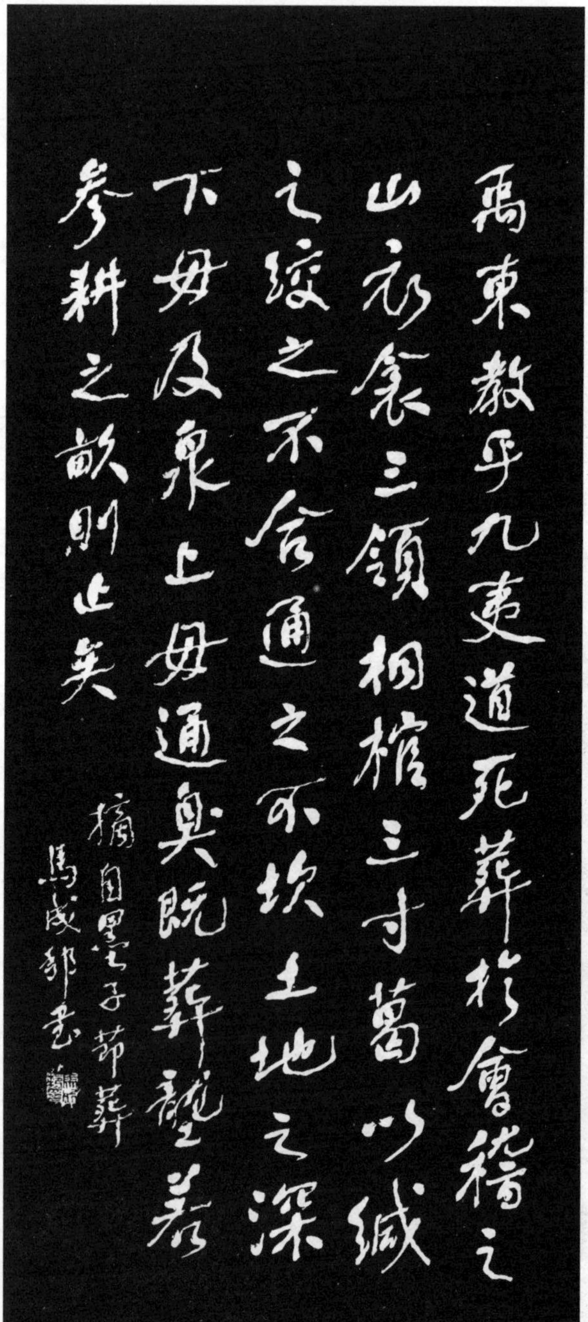

汤竹贤·涂山禹王颂

碑　文　禹王宫里聚群贤，逸兴遄飞快若仙。淮水烟波开画卷，涂山风月入吟篇。神功九导川原壮，庙貌千秋气象严。把酒凌虚歌盛世，人民处处颂尧天。

——登涂山禹王宫旧作 公元二千年新春　壶隐汤竹贤书

作者简介　汤竹贤（1901—2005），号壶隐，安徽怀远人，怀远中医院内科主任、副主任中医师，宿县地区中医学会副理事长。曾执教南京中医学院、安徽中医学院。安徽中医“五老”之一。百岁高龄尚登涂山朝禹王。有《竹贤医案》《壶隐诗草》传世。

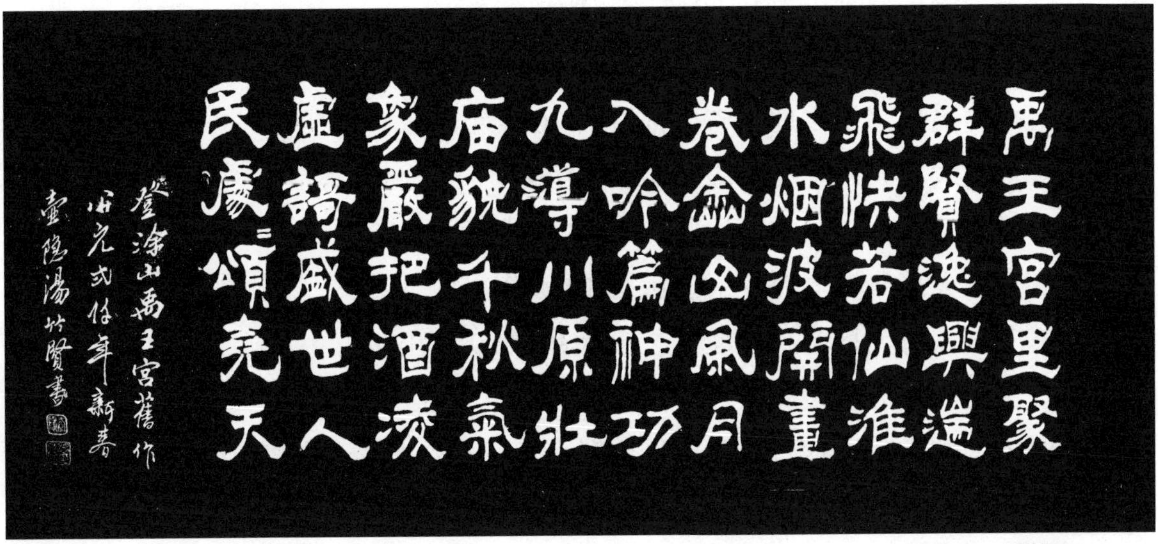

主要参考文献：

1.明《中都志》，成化版本影印

2.清《凤阳府志》，光绪版本影印

3.清《怀远县志》，嘉庆版本影印

4.清《赵绍祖金石学三种》，黄山书社 2011 年出版

5.《尚书》，中国文史出版社 2003 年出版

6.《蚌埠市禹会区志》，黄山书社 2012 年出版

7.《古诗歌专辑》，怀远县地方志编纂委员会 1984 年出版

8.《历代名人题咏怀远》，黄山书社 2009 年出版

9.《怀远揽胜》，中国旅游出版社 1992 年出版

10.《涂山》（画册），蚌埠市建委、文化局、旅游局 1990 年出版

11.《中国历史文化名山涂山》，蚌埠市政协 1990 年出版

12.《话说怀远》，黄山书社 2010 年出版

13.《荆涂春秋》，怀远县政协文史委编

14.《魅力涂山》，黄山书社 2015 年出版

15.《蚌埠涂山与华夏文明》，黄山书社 2002 年出版

16.《蚌埠禹会诸侯之地》，省内部资料 2014 年出版

17.《道教大辞典》，华夏出版社 1994 年出版

18.《道教手册》，中国古籍出版社 1993 年出版

19.《安徽大辞典》，上海辞书出版社 1992 年出版

20.《安徽旅游大辞典》，安徽文艺出版社 2009 年出版

21.《中国名胜楹联大辞典》，中国旅游出版社 1993 年出版

22.《中国蚌埠"大禹颂"全国诗词楹联大赛优秀作品选》，蚌埠市委宣传部、市文联 2003 年出版

后　　记

“涂山千古临淮水，禹殿嵯峨天际留”。

蚌埠西郊的涂山，古为涂山氏国。当年，大禹入赘“涂山”，导江河，平水患，新婚三日（一说四日）而别，十三年之久，“三过家门而不入”，洪归大海，万国朝会，成就了华夏一统的千古大业。

涂山作为夏王朝兴起之地，在中华民族发展史上，有着较高知名度、美誉度和影响力。古往今来，帝王将相、骚客文人、官绅庶民，登涂山，赶庙会，览胜境，颂禹王，聚沙成塔，集腋成裘，汇聚了弥足珍贵的诗文、联语、碑记、石刻。特别是那些历经兵燹战乱的摩崖石刻、历代修庙碑记刻石，随着时间的推移和风雨无情的侵蚀，有的已经黯然消失湮灭，有的正慢慢走向湮灭。抢救发掘地方文化遗存，传承涂山大禹文化、淮河文化，益在当代，功在千秋。蚌埠市禹会区区委、区人民政府，从弘扬民族优秀文化，打造禹会区软实力、巧实力出发，组织人员收集资料并启动了《涂山搜玉》编纂工程。

为了确保《涂山搜玉》的编纂质量，编写人员按照区委、区政府和区政协领导的要求，认真听取了蚌埠市政协文史委、蚌埠市史志办、蚌埠市博物馆、怀远县志办、涂山风景区管委会等单位的意见和建议。仔细查阅了明成化《中都志》、清光绪《凤阳府志》、清嘉庆《怀远县志》、清《赵绍祖金石学三种》等典籍中相关涂山历史文化的记载。在明确该书编纂纲目的基础上，编撰人员先后拜访了范宗林、葛亚萍、张红雨、李明、辛礼学、陈德琥、高庆林、邵华杰、季永、江龙、陈先宇、石守荣、周家顺、杨桂芳、张晓燕、张扬、李树荣、唐晓婷、唐元海、杜春波、张程、李明、顾亮、叶语堂、韦广泰、陈长峰、吴广伦、顾彬、欧阳林哲、熊志刚等专家、学者以及对涂山文化较为熟悉的同志。与此同时，翻山越岭，走村串户，深入到涂山周边村庄和寺庙及寺庙遗址，拜访老道士、老居士和耄耋老者，收集资料、拍摄图片、撰写文稿。经过近两年时间的采访和编纂，《涂山搜玉》终于付梓与读者见面。

《涂山搜玉》，是首部汇集涂山“文录、诗赋、楹联、碑记、镌刻”的艺文类专著。在编撰过程中，得到社会各界的关心支持和帮助，蚌埠市政协副主席刘沛学就如何把握“诗赋、碑记、镌刻”收录标准，提出了宝贵的意见和建议，中共蚌埠市禹会区委书记王庆国，在百忙中通览书稿并作序，禹会区政协主席何建超题写书名，蚌埠市博物馆等单位提供相关资料，在此表示衷心感谢。

涂山文化博大精深，发掘和整理涂山文化遗存，并非一蹴而就和朝夕之功。由于史料缺失和编撰人员水平有限，该书篇章条目疏漏和文字错误亦会存在，希望读者提出宝贵的意见建议，以便更好地宣传和推介蚌埠涂山。

李焕俭

2016 年 10 月于蚌埠

图书在版编目(CIP)数据

涂山搜玉 / 李焕俭 吴国成 主编. -- 合肥 : 黄山书社,
2016.9

ISBN 978-7-5461-5673-6

Ⅰ. ①涂… Ⅱ. ①李… ②吴… Ⅲ. ①山-介绍-蚌埠市
Ⅳ. ①K928.3

中国版本图书馆 CIP 数据核字(2016)第 233846 号

涂山搜玉 李焕俭 吴国成 主编

责任编辑 周振华
装帧设计 李梦杰
出版发行 时代出版传媒股份有限公司(http://www.press-mart.com)
黄山书社(http://www.hsbook.cn)
地址邮编 合肥市蜀山区翡翠路 1118 号出版传媒广场 7 层 230071
印 刷 安徽煤田光大彩印有限责任公司
经 销 新华书店
版 次 2016 年 10 月第 1 版
印 次 2016 年 10 月第 1 次印刷
开 本 787mm×1092mm 1/16
字 数 280 千字
印 张 20
书 号 ISBN 978-7-5461-5673-6
定 价 80.00 元

服务热线 0551-63533706
销售热线 0551-63533761
官方直营书店(http://hsssbook.taobao.com)

凡本社图书出现印装质量问题,
请与承印厂联系。
联系电话:0552-4075264